経済学叢書 Introductory

トピックスから考える
財政学

上村敏之・金田陸幸

新世社

はしがき

　本書は，財政学を学びたい初学者や，学び直しをしたい学習者のために書かれた財政学の入門書です。この「はしがき」は，「学習者の皆さんへ」と「授業を担当される先生方へ」に分けていますので，読者の皆さんの立場によって，読み分けをしていただければ幸いです。

学習者の皆さんへ

　本書は，財政学をまったく学習した経験がない初学者を対象として書かれた財政学の入門書です。本書は，従来の教科書とは一線を画すスタイルで書かれました。

　第1に，本書のタイトル『トピックスから考える財政学』にあるように，財政学のトピックを取り上げ，そこから財政学の全体像がわかるスタイルになっています。従来の教科書は，まず全体像を示してから具体的なトピックに入ることが多いですが，本書は逆のアプローチになっています。

　たとえば，第1章「政府の借金から考える財政学」では，政府の借金を取り上げていますが，これは日本財政の最大のテーマが政府の借金だからです。まずは，政府の借金について知っていただき，そこから税金（第2章と第3章），公共サービス（第4章），財政再建（第5章），国と地方の財政関係（第6章）といった流れで，財政学のトピックスを学びます。

　従来の教科書で，最初に学ぶ財政学の全体像は，本書では最後の第7章「財政の役割から考える財政学」に登場します。その理由は，多くの学習者は，学び始めの段階で全体像の話をされても，理解できない部分が多いためです。まずは，興味と関心がもてるトピックから入り，その後に財政学の全体像を学ぶことで，個々のトピックスの知識がつながることを期待しています。

　第2に，本書の各章のトピックは，「実際」「制度」「理論」に分かれています。財政学は制度の学問ですが，実際を知り，理論をバランスよく学ぶことが

大切なので，その点に配慮しています。まずは「実際」を知り，その背景にある「制度」を理解し，最後に「理論」で全体像を把握するというアプローチです。ここでも，やはりトピックから入り，全体像を理解するという流れを組み込んでいます。どのような人でも，何かに関心をもつときは，トピックから入り，やがて全体像を知りたくなるはずです。これらが，本書のタイトル『トピックスから考える財政学』に込めた著者の意図です。

第3に，本書はふんだんに図表を活用しました。その多くは，各省庁がインターネットで提供しているものを使っています。それぞれの図表は，どのウェブサイトから取得したかを明示しています。そのため，本書の図表のデータがいずれ陳腐化しても，インターネットで検索すれば，皆さん自身で最新の図表を得ることができます。図を読み解く力，最新の情報を検索できる力を養うことは，今の社会を生きるために必要です。ぜひとも，皆さん自身で情報を取得してみてください。

本書によって，多くの方々が財政学を学び，皆さん自身の能力を高めるだけでなく，皆さんが関わる組織や社会を，よりよく改善していただけることを，著者として期待しています。

授業を担当される先生方へ

本書は，財政学をまったく学習した経験がない初学者を対象として書かれています。前提となる経済学の知識は，1年生から始まる経済学入門を終えていることが望ましいですが，経済学入門を終えていない初学者でも，大部分は読むことができるでしょう。

具体的には，①経済・経営系の大学での1年生向け授業，②経済・経営系でない大学での2年生向けの授業などでの活用を想定しています。さらには，③社会人などで財政学の学び直しをしたい方にも適しています。以下では，本書を大学の授業などで使う場合の具体的な活用方法を示します。

本書は7章立てです。1つの章には2つの節（トピック）が入り，合計14のトピックで構成されています。大学の授業は基本的に半期15回なので，1回の授業で1つのトピックを割り当てることができます。次の表「授業での利用を想定したシラバスの例」では，シラバスの一例を示しています。

■表　授業での利用を想定したシラバスの例

授業	本書の章	内容
第1回	ガイダンス	第7章の内容を簡単に触れてもよい
第2回	第1章　政府の借金から考える財政学	トピック1　政府の借金
第3回		トピック2　歳入と歳出
第4回	第2章　身近な税金から考える財政学①	トピック1　消費税
第5回		トピック2　所得税
第6回	第3章　身近な税金から考える財政学②	トピック1　法人税
第7回		トピック2　税とは何か
第8回	第4章　身近な公共サービスから考える財政学	トピック1　教育
第9回		トピック2　社会保障
第10回	第5章　財政再建から考える財政学	トピック1　財政収支とプライマリーバランス
第11回		トピック2　行政改革
第12回	第6章　国と地方の関係から考える財政学	トピック1　政府間関係
第13回		トピック2　地方公共サービスと補助金
第14回	第7章　財政の役割から考える財政学	トピック1　財政の誕生の歴史
第15回		トピック2　財政の3機能

　本書のタイトルは『トピックスから考える財政学』であり，財政のトピックスから財政学を学ぶスタイルとなっています。このスタイルは，従来の財政学のテキストとは一線を画します。その特徴は，各章の順番にもっともよく現れています。

　上述のシラバスの例にもあるように，第1章「政府の借金から考える財政学」は財政赤字から始まっています。従来のテキストならば，最初は財政学の全体像，たとえば財政の3機能から始まります。しかし，本書はあえて財政赤字から始めました。財政学の全体像から始めるよりも，学習者が興味や関心をもちやすい具体的なトピックから始め，複数のトピックスの学習の経験から，財政学の全体像がわかるようになる状態を狙っています。

　著者は大学で長く財政学の授業を担当してきましたが，第1回の授業で財政学の全体像を話しても，ピンとこない学生が多いことを目の当たりにしてきま

した。教員は，何度も財政学を教えているので，全体像を把握していますが，初めて聴く学生はそうではありません。わかりやすいトピックから入り，最終的に全体像を理解するという，逆のアプローチもあるはずです。

　そこで本書は，学習者が興味や関心をもちやすいトピックから始めています。財政赤字は日本財政における最大のテーマであり，これを最初に学ぶことが大切だと考えました。第2章と第3章「身近な税金から考える財政学」では税金を扱いますが，学習者にとって税金の関心は高いはずです。そのため，学生でも負担している消費税を第2章の初めにもってきました。同様の理由で，第4章「身近な公共サービスから考える財政学」は，教育サービスを初めのトピックにもってきています。

　従来のテキストならば冒頭に学ぶ財政学の全体像は，本書では最終章の第7章「財政の役割から考える財政学」に入れました。第1章から第6章まで，財政学のトピックスを学んだ後，第7章で全体像を把握するという構造です。

　本書の各章の構成も，トピックから始め，最後に全体像を把握する構成になっています。本書の各章は，「実際」「制度」「理論」という一連の流れで掲載されています。まずは「実際」を知り，その背景にある「制度」を理解し，最後に「理論」で全体像を把握するというアプローチです。本書は，実際，制度，理論のバランスを考えて執筆されました。

　なお，先に本書を活用した場合のシラバスの一例を示しましたが，本書はトピックスで展開されることから，学習の順番の自由度は高くなっています。第7章「財政の役割から考える財政学」については，第1回の授業で簡単に取り上げ，再度，最後の授業で取り上げる方法もあると思われます。

　そして，本書では数多くの図表を使っています。その多くは，各省庁のウェブサイトから取得できる有名な図表です。財政学は，現実との関わりの強い学問なので，最新の情報の把握が重要です。ところが，教科書の内容は一定の時間が経つと，どうしても陳腐化してしまいます。そこで著者が考えたのは，学習者自身が最新の情報を得やすいようにすることでした。

　そのため，本書ではあえて各省庁のウェブサイトから取得できる有名な図表を使いました。それぞれの図表には，どこのウェブサイトから取得したのかの情報を掲載しています。これにより，学習者も担当される先生方も，本書の図

表が陳腐化したとしても，最新の図表を取得できるはずです。教室にいる学習者に，スマートフォンやパソコンを使い，最新の情報をその場で検索させ，考察させることも，現代の教育方法としては有効だと思います。

　ここでは著者の視点から，本書の活用方法について述べてきました。多くの方々に本書を役立てていただけることを期待しています。

いろいろな方々への謝辞

　本書の執筆機会をいただいたのは，新型コロナウイルス感染症が拡大していた 2020 年だったと記憶しています。それから 5 年の年月が経過しました。早めに執筆ができると思っていたのですが，この間，著者にもさまざまなことが生じ，なかなか取り組むことができませんでした。粘り強く原稿を待っていただいた新世社の清水匡太氏にお礼を申し上げます。

　著者の一人の上村は，新世社より複数の教科書を出版させていただきました。そのうち，2007 年に公刊した『コンパクト財政学』は，初版は 5 刷，第 2 版は 4 刷を重ねました。この教科書は，多くの大学などで使っていただいたのですが，時代とともに内容が陳腐化し，残念ながら品切れになりました。本書は『コンパクト財政学』をリニューアルし，「トピックスから考える」という新しいコンセプトの教科書として執筆しました。

　最後に，著者が，数多くの方々に支えていただき，研究・教育活動を続けることができていることに，感謝します。個々にお名前を挙げることはできませんが，著者を取り巻く方々，特に職場である関西学院大学と神戸学院大学の方々には，この場を借りてお礼を申し上げます。

　2025 年 1 月

上村敏之・金田陸幸

目　次

第1章　政府の借金から考える財政学　　1

1.1　政府の借金 ……………………………………………………………1
- 1.1.1　実際：日本政府の借金残高の推移 ………………………………1
- 1.1.2　制度：さまざまな種類の公債 …………………………………4
- 1.1.3　理論：伝統的な公債負担論 ……………………………………7

1.2　歳入と歳出 ……………………………………………………………12
- 1.2.1　実際：日本政府の歳入と歳出 …………………………………12
- 1.2.2　制度：予算原則と予算編成の流れ ……………………………15
- 1.2.3　理論：財政政策の理論 …………………………………………18

第2章　身近な税金から考える財政学①　　27

2.1　消 費 税 ………………………………………………………………27
- 2.1.1　実際①：消費税の税収と使途 …………………………………27
- 2.1.2　実際②：各国の付加価値税と軽減税率 ………………………29
- 2.1.3　制度①：消費税制の変遷 ………………………………………31
- 2.1.4　制度②：仕入税額控除 …………………………………………31
- 2.1.5　理論①：課税の経済効果 ………………………………………34
- 2.1.6　理論②：価格弾力性と超過負担 ………………………………37

2.2　所 得 税 ………………………………………………………………41
- 2.2.1　実際：所得税の税収 ……………………………………………41
- 2.2.2　制度：所得税の仕組み …………………………………………43
- 2.2.3　理論：所得税の経済効果 ………………………………………49

第3章　身近な税金から考える財政学②　　55

3.1　法 人 税 ………………………………………………………………55
- 3.1.1　実際：法人税の法定税率と実効税率 …………………………55

vii

3.1.2　制度：法人税の仕組みと考え方⋯⋯⋯⋯⋯⋯⋯⋯58

3.1.3　理論①：法人税の経済効果⋯⋯⋯⋯⋯⋯⋯⋯⋯⋯61

3.1.4　理論②：経済学的な企業の実効税率⋯⋯⋯⋯⋯⋯63

3.2　税とは何か ⋯⋯⋯⋯⋯⋯⋯⋯⋯⋯⋯⋯⋯⋯⋯⋯⋯⋯⋯66

3.2.1　実際①：なぜ税が必要か⋯⋯⋯⋯⋯⋯⋯⋯⋯⋯⋯66

3.2.2　実際②：租税原則⋯⋯⋯⋯⋯⋯⋯⋯⋯⋯⋯⋯⋯⋯68

3.2.3　実際③：垂直的公平と水平的公平⋯⋯⋯⋯⋯⋯⋯68

3.2.4　実際④：包括的所得税と支出税⋯⋯⋯⋯⋯⋯⋯⋯70

3.2.5　制度：日本の税制⋯⋯⋯⋯⋯⋯⋯⋯⋯⋯⋯⋯⋯⋯72

3.2.6　理論①：累進税と逆進税⋯⋯⋯⋯⋯⋯⋯⋯⋯⋯⋯74

3.2.7　理論②：労働所得税と消費税⋯⋯⋯⋯⋯⋯⋯⋯⋯76

第4章　身近な公共サービスから考える財政学　79

4.1　教　育 ⋯⋯⋯⋯⋯⋯⋯⋯⋯⋯⋯⋯⋯⋯⋯⋯⋯⋯⋯⋯⋯79

4.1.1　実際：さまざまな公共サービスへの経費⋯⋯⋯⋯79

4.1.2　制度：教育財政の仕組み⋯⋯⋯⋯⋯⋯⋯⋯⋯⋯⋯81

4.1.3　理論①：公共財としての教育⋯⋯⋯⋯⋯⋯⋯⋯⋯82

4.1.4　理論②：教育の外部性⋯⋯⋯⋯⋯⋯⋯⋯⋯⋯⋯⋯85

4.1.5　理論③：望ましい公共サービスの水準⋯⋯⋯⋯⋯89

4.2　社 会 保 障 ⋯⋯⋯⋯⋯⋯⋯⋯⋯⋯⋯⋯⋯⋯⋯⋯⋯⋯⋯93

4.2.1　実際：社会保障への支出と財源⋯⋯⋯⋯⋯⋯⋯⋯93

4.2.2　制度：社会保障財政の仕組み⋯⋯⋯⋯⋯⋯⋯⋯⋯95

4.2.3　理論①：公的年金の必要性と財政方式⋯⋯⋯⋯⋯97

4.2.4　理論②：社会保険の必要性 ⋯⋯⋯⋯⋯⋯⋯⋯⋯100

第5章　財政再建から考える財政学　103

5.1　財政収支とプライマリーバランス ⋯⋯⋯⋯⋯⋯⋯⋯103

5.1.1　実際：財政収支とプライマリーバランスの推移 ⋯⋯⋯103

5.1.2　制度：財政再建計画・財政健全化目標⋯⋯⋯⋯⋯107

5.1.3　理論：財政の持続可能性 ⋯⋯⋯⋯⋯⋯⋯⋯⋯⋯111

5.1.4　理論②：公債の等価定理と中立命題 ⋯⋯⋯⋯⋯112

5.2　行 政 改 革 ⋯⋯⋯⋯⋯⋯⋯⋯⋯⋯⋯⋯⋯⋯⋯⋯⋯⋯116

5.2.1	実際：行政改革の歴史	116
5.2.2	制度：行政評価・行政改革の制度	120
5.2.3	行政改革の理論	122

第6章　国と地方の関係から考える財政学　129

6.1　政府間関係　129

6.1.1	実際：国と地方の財政の関係	129
6.1.2	制度：地方交付税の仕組み	132
6.1.3	理論①：普通交付税による地域間所得再分配	135
6.1.4	理論②：地方自治体の人口規模	137

6.2　地方公共サービスと補助金　139

6.2.1	実際：目的別歳出と性質別歳出	139
6.2.2	制度：国庫支出金	140
6.2.3	理論①：受益のスピルオーバーと補助金の経済効果	142
6.2.4	理論②：地方分権化は望ましいか	145

第7章　財政の役割から考える財政学　151

7.1　財政の誕生の歴史　151

7.1.1	実際①：共同体から国家へ	151
7.1.2	実際②：前近代国家から近代国家へ	153
7.1.3	制度：コミュニティにもある財政に似た仕組み	154
7.1.4	理論①：社会契約説による国家の誕生と財政の誕生	155
7.1.5	理論②：近代国家から現代国家，戦争そして福祉国家へ	156

7.2　財政の3機能　158

7.2.1	実際：財政とは，財政学とは何か	158
7.2.2	制度：財政の範囲——SNAによる分類	161
7.2.3	理論①：家計，企業，政府の経済循環・市場の失敗	163
7.2.4	理論②：資源配分機能	166
7.2.5	理論③：所得再分配機能	168
7.2.6	理論④：経済安定化機能	170
7.2.7	理論⑤：国の財政と地方財政の役割	172

索　引………………………………………………………………………175
著者紹介………………………………………………………………………183

第1章

政府の借金から考える財政学

1.1　政府の借金

▶ 1.1.1　実際：日本政府の借金残高の推移

　財政学を学ぶにあたり，まずは日本政府の借金残高の推移を確認しよう。政府には国や地方自治体があるが，ここでは国の借金について考える。国の借金から学び始める理由は，とりわけ日本財政における最大の問題が，政府の借金の規模の大きさだからである。国の借金について知ることから，財政学の学びを始めよう。

　図1-1の棒グラフは，日本の国の普通国債残高の推移を示している。内訳として，特例公債残高，建設公債残高，復興債残高が描かれているが，これらは後に説明する。これらを合わせたものが普通国債残高である。

　国債は国の借金である。私たちの家計でも，ある一定期間における収入よりも支出が上回った場合，住宅ローンなどの借金をすることがある。国も家計と同様に，財政運営の必要に応じて借金をすることがある。

　このとき，フロー（flow：流れた量）の借金とストック（stock：貯蔵されている量）の借金残高を区別しなければならない。ある一定期間の収入を上回る支出を穴埋めするための借金は，フローの借金である。ある時点の借金残高はストックの借金である。

　図1-1の棒グラフは，年度末時点の国のストックの借金残高として，普通

■図 1-1　日本の国の普通国債残高の推移

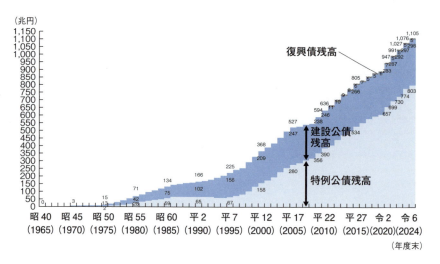

（出所）財務省ウェブサイト「財政に関する資料」より引用。
https://www.mof.go.jp/tax_policy/summary/condition/a02.htm

国債残高を示している。国債には種類があり，普通国債とは別の国債もあるが，それらについては後に説明する。

　図 1-1 の棒グラフにあるように，日本の普通国債残高はうなぎ登りに増えている。果たして，この状況は望ましいのだろうか。財政再建（または財政健全化）は，日本の重要な政策テーマになっている。このテーマは第 5 章「財政再建から考える財政学」で取り上げる。

　国の借金残高の増加は，何をもたらすのだろうか。たとえば，借金を負う家計は，金利（利子率）に応じた利払費を負担する必要がある。一般的に利払費は，借金残高に金利を掛け合わせて計算される。家計が利払費を負担できなければ，その家計は破産する。それと同様に，国も利払費を支払っている。図 1-2 には，日本の国の利払費と金利の推移を示している。

　普通国債残高の棒グラフは増加傾向にあるが，国の利払費の折れ線グラフは意外にも低位で推移している。その理由は金利が低位で推移してきたからである。日本銀行の積極的な金融政策により，金利の水準が低く抑えられており，

■図 1-2　日本の国の利払費と金利の推移

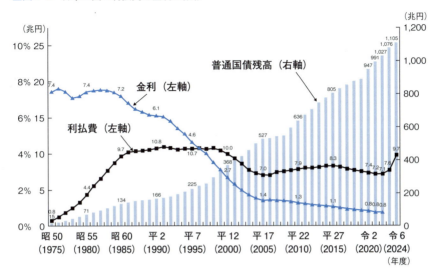

(出所) 財務省ウェブサイト「財政に関する資料」より引用。
https://www.mof.go.jp/tax_policy/summary/condition/a02.htm

その影響で利払費を抑制してきた。

　抑制できてきたとはいえ、国の利払費は非常に大きく、国はかなりの規模の利払費を負担している。国の負担だからといって、私たち国民は無関係ではない。利払費は、私たち国民が負担する税から得られる税収から支出されている。国は、さまざまな公共サービスに税収を使っているが、利払費が増えると、他の公共サービスに回す資金が足りなくなる。これを財政の硬直化と呼ぶ。

　日本銀行の金融政策が変化するなどで、金利の水準が上昇した場合、利払費が急増してしまう。その場合、財政の硬直化はさらに進む。そうならないためにも、財政再建を進める必要がある。

　国債は証券の形をした有価証券の一種である。そのため、国が借金をすることを「(国が) 国債を発行する」という。国が発行した国債証券を、金融機関などが購入することで、国は資金を得る。また、国が借金を返済することを「(国が) 国債を償還する」という。

利払費と同じく，国債の償還の財源は，私たちが負担する税である。したがって，現時点の国債残高は，将来の国民（将来世代）が負担する税によって償還がなされる。将来世代はまだ生まれていない世代も含む。将来世代の負担が可能かどうかを考えることも，財政再建の重要なテーマである。

▶ 1.1.2　制度：さまざまな種類の公債

先の図 1-1 は国の普通国債残高の棒グラフを示していた。国債よりも広い概念に公債がある。公債は政府の借金であり，国（中央政府）の借金が国債，地方自治体（日本の場合は都道府県や市町村，地方政府）の借金が地方債である。公債には国債と地方債が含まれる。

また，図 1-1 には，建設公債残高，特例公債残高，復興債残高の棒グラフも示されていた。2011 年 3 月 11 日に発生した東日本大震災の復興財源を賄うために発行されたのが復興債である。

ところで，財政法第 4 条は，原則的に国債発行を禁止している。法律で禁止されているのに，国債が発行されているのは，どうしてだろうか。実は，道路や橋梁，港湾や空港といった社会資本（インフラストラクチャー）の建設や整備のための財源として国債を発行することは，財政法第 4 条第 1 項ただし書きで認められている（建設公債主義）。これが建設公債（国の場合は建設国債とも呼ぶ）である。

公債発行を原則的に禁止する財政法で，なぜ建設公債が認められているかについて，図 1-3 をもとに考える。今，治水のためにダムを建設する必要があるとする。ダム建設にはある程度の時間が必要で，建設後のダムにより，人々への受益は長期間にわたる。この場合の受益には，水害や土砂災害の防止，水力発電による電力利用が考えられる。

図 1-3 では，左から右に時間が流れており，世代が交代する状況を考える。ダム建設は世代 1 が生きている間に行われるが，建設が完了する時点で世代 1 は死亡し，ダム利用を開始する世代 2 が登場する。このようなダムの建設費を，(1) 租税で賄う場合と (2) 建設国債で賄う場合を考える。

(1) 租税で賄う場合，世代 1 の税負担による資金でダムが建設される。世代 1 は税を負担するが，ダム利用の前に死亡する。世代 1 は負担をしたが便益を

■図 1-3 租税と建設国債による世代間の受益と負担の公平

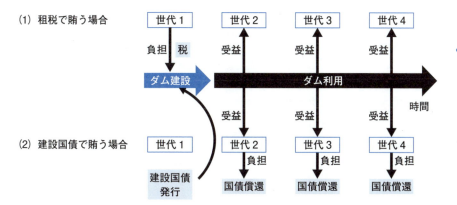

享受せず，世代 2 以降の将来世代は負担をせずに便益を享受する．したがって，世代間で受益と負担が一致しない．

（2）建設国債で賄う場合，世代 1 が生きている間に政府が建設国債を発行し，その資金でダムを建設する．世代 1 は税を負担しない．この建設国債は，世代 2 以降の将来世代が生きている間に，徐々に償還がなされ，将来世代が税を負担するとしよう．そうすれば，将来世代のダム利用からの受益と税の負担のタイミングを合わせることができる．

このように，社会資本の場合は，建設財源を建設国債とし，償還のタイミングを工夫することで，世代間の受益と負担の公平を確保できる．これが**利用時支払いの原則**である．

財政法は建設国債以外の国債を認めていないのに，先の図 1-1 には特例公債残高が示されていた．これはなぜだろうか．特例公債は**赤字国債**と呼ばれる国債であり，社会資本の建設以外の公共サービスに使われる借金である．

実のところ，財政法が認めていないため，国は，国会で特別な法律（**特例公債法**）を制定して，特例公債を発行している．図 1-1 にあるように，特例公債は恒常的に発行が続いている．これは，社会保障サービスや公務員の給与と

■図 1-4　債券市場における政府，民間金融機関，日本銀行

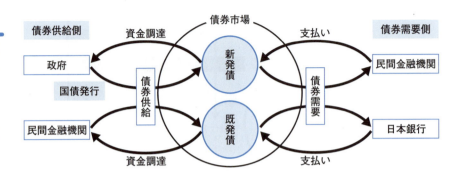

いった経費に使われる国債であり，日本の財政再建における重要な問題になっている。

　ところで，国が発行する国債は，誰が購入するのだろうか。図 1-4 には，国債が売買される債券市場のイメージを描いている。債券市場では，債券供給側の政府が新発債（新しく発行する国債）を発行し，債券市場に供給する。その国債を購入する債券需要側は，主に民間金融機関である。

　民間金融機関にとって，国債を保有することは，一定期間を経て国から利息（国からみれば利払費）を受けることができるため，一種の資産運用になっている。売買が成立すれば，民間金融機関が国債を保有し，政府は資産を調達できる。主に国債を購入して保有するのは民間金融機関ではあるが，民間金融機関の資金は，家計や企業が民間金融機関に預けている預金などである。そのため，民間金融機関の資産運用を通じて，家計や企業が国債を保有していると考えることもできる。

　また，債券市場では，国債を保有する民間金融機関が，債券供給側として既発債（すでに発行された国債）を売却することもある。他の民間金融機関が買うこともあるが，日本の場合は，日本銀行が債券需要側として購入することが

多い。近年の日本銀行は，金融政策の一環として，資金を市場に供給することで，経済の安定化を図っている。日本銀行が国債を購入する（買いオペレーション）ことで，経済に資金を供給し，金利を引き下げる効果を期待できる。

　なお，政府が発行した新発債を，日本銀行が直接購入する日本銀行引き受けは認められていない。日本においては，第2次世界大戦時に日本銀行引き受けによって戦時国債が乱発され，経済に大量の資金がばらまかれ，戦後に物価が急激に高騰するハイパーインフレーションを経験した。

　急激な物価上昇で，国債は紙切れ同然の価値となり，償還が楽になった当時の政府は財政再建を一気に進めたが，ハイパーインフレーションは国民の生活に大きな打撃を与えた。この経験から，日本銀行は，政府から直接，新発債を引き受けることはせず，民間金融機関が売却する国債を購入している。これが国債の市中消化の原則である。

▶ 1.1.3　理論：伝統的な公債負担論

　前項で，公債残高は将来に償還がなされるため，将来世代が税によって負担すると述べた。このように，現在の公債残高は，将来世代が負担するとの認識が一般的ではあるが，公債の負担については，歴史的にはさまざまな考え方が提示されてきた。これが伝統的な公債負担論であるが，公債の負担をどのように定義するか，その違いが重要である。

　第1に，新正統派と呼ばれるラーナー（A. P. Lerner）は，公債の負担は一国全体の国民が失った資源であると考えた。この定義に従うと，国内から海外に資源が移転しない限り，国民に負担は発生しないことになる。ここでの資源は，資金に読み替えるとわかりやすい。

　図1-5にあるように，国債には，国内の家計や企業が購入する内国債と，海外の金融機関などが購入する外国債がある。内国債の発行時点では，政府が発行した国債を国内の家計や企業が購入し，家計や企業の資源が政府に移転する。次に，内国債の償還時点では，政府が償還財源を集めるため，国内の家計や企業の負担する税による資源が政府に移転し，その資金で償還が行われる。したがって，内国債の場合は，発行時も償還時も資源は海外に移転しておらず，ラーナーの定義に従えば国民に負担は発生しない。

■図 1-5　ラーナーの公債負担論

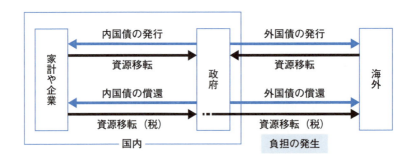

　一方，海外の金融機関などが購入する**外国債**の場合は，発行時点で海外から資源が国内の政府に移転される。この時点では国外に資源は移転されておらず，負担は発生していない。ところが，外国債を償還するために，国内の家計や企業が負担する税による資源を，海外に移転する必要がある。このとき，国外に資源が移転し，一国全体の国民が資源を失うことから，国民に負担が発生する。

　ラーナーの定義によれば，内国債であれば，政府がどれだけ発行しても，国民の負担になることはない。国内の金融機関，すなわち国内の家計や企業に，内国債を購入できる資金，たとえば貯蓄が十分にあるならば，国民の負担は発生しないと考えるのである。一方，国内の資金が乏しくなり，海外に国債を売らなければならなくなった場合は要注意となる。この点は重要な指摘ではある。

　ただし，ラーナーの定義によれば，政府による家計や企業への税も，国民の負担にならないことに，注意すべきである。税による資源の移転は国外に出ないからである。つまり，この定義だと，どれだけ増税があっても，国内の政府に資源が移転されるだけで，国民の負担にはならない。この点に違和感をもつ人は多いかもしれない。

　ラーナーは国外に資源が移転されるかどうかで公債の負担の発生を判断したが，図 1-6 にある**ブキャナン**（J. M. Buchanan）は別の定義を行った。ブキャ

■図 1-6　ブキャナンの公債負担論

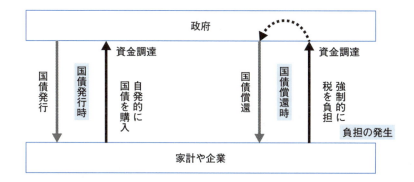

ナンは，公債の負担は強制性を伴うときに発生するとした。

　政府が国債を発行する時点では，家計や企業は自発的に国債を購入する。実際に購入するのは金融機関かもしれないが，その金融機関に資金を預け，運用を任せている時点で，家計や企業が自発的に購入していると考える。一方，政府が国債を償還する時点では，償還の財源の確保のため，政府は家計や企業に強制的に税を負担させることになる。

　ブキャナンの定義は強制性の有無が重要であり，自発的な購入である発行時点ではなく，償還時の税負担が強制的であるため，償還時に負担が発生する。ラーナーの定義が一国全体で公債の負担を考えていたのに対し，ブキャナンは家計や企業といった経済主体の単位で公債の負担を考えていることに違いがある。ブキャナンの定義によれば，内国債でも外国債でも，償還時点で課税がなされれば，それは公債の負担となる。公債の負担を抑制するためには，公債発行を抑制する必要がある。

　また，別の観点から公債の負担について定義したのがモディリアーニ（F. Modigliani）である。図 1-7 のように，家計が政府から国債を購入すれば，政府に資金が移転する。家計の代わりに民間金融機関が，家計の資金を使って国債を購入すると考えてもよい。

■図 1-7　モディリアーニの公債負担論

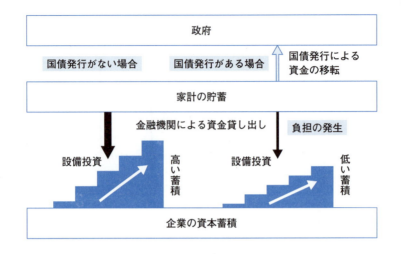

　このとき，民間金融機関の資金は，一部が国債に代わるため，民間金融機関が企業に貸し出す資金が減少する。民間金融機関は，企業に設備投資の資金を融資しているが，その資金が国債の購入によって減少し，その結果，企業の設備投資も減少する。

　企業の設備投資は，企業の生産活動に必要な建物や機械器具備品などの**資本**を購入することだが，それが減少することで，**資本蓄積**が低下する。資本蓄積とは，生産活動に必要な建物や機械器具備品といった資本ストックが蓄積することである。資本蓄積の低下によって，企業の生産性が低下する。これがモディリアーニによる公債の負担であり，公債が企業の資本蓄積を阻害するという観点で公債の負担を論じた。

　最後に，公債が将来の世代の負担になるという考え方を提示した**ボーエン・デービス・コップ**（W. G. Bowen, R. G. Davis and H. Kopf：3 人の経済学者）の公債負担論を紹介する。彼らは，個人の消費機会の減少が公債の負担であると定義した。図 1-8 には，第 1 世代が登場した後に第 2 世代が登場し，第 1 世代が死亡した後に第 2 世代が死亡するという，世代が重複するモデルが描かれ

■図 1-8　ボーエン・デービス・コップの公債負担論

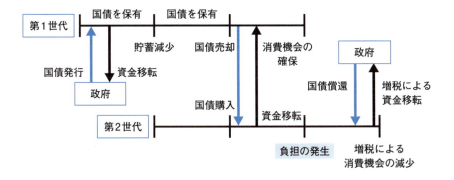

ている。

　政府は，第1世代だけが生きている期間に国債を発行し，第1世代は，彼らの貯蓄で国債を購入するとしよう。このとき，第1世代の貯蓄は減少するが，第2世代が登場したのち，第1世代は死亡する前に，第2世代に国債を売却するとしよう。これにより，第1世代は死亡前に資金を獲得でき，消費機会を確保できた。そのため，第1世代は負担を被っていない。

　国債を購入した第2世代だが，第3世代に国債を売却できれば，第1世代と同様に，消費機会を確保できる。国債が償還されない限り，新しい世代への売却を続けていけば，国債の負担を先送りできる。

　ここで，第2世代の死亡前に政府が国債を償還するための増税を行うとする。このとき，第2世代は増税の部分だけの資金を失い，消費機会が減少することで，国債の負担を被ることになる。したがって，国債の償還時点で増税に直面する世代が負担を被る。この考え方は，現在の公債残高は，将来世代が負担するという現代の認識に近いものである。

> **コラム 1.1　政府の借金残高の国際比較**
>
> 　日本政府の借金残高がどれくらいの規模なのかを考えるために，国際比較をしたものが図 1-9 である。主に先進国の政府債務残高対 GDP 比（＝政府債務残高 /GDP）の推移が示されている。この図でみても，日本政府の政府債務残高対 GDP 比は，他国に比べて非常に大きいことがわかる。このことが，日本の財政再建が重要である一つの理由である。
>
> 　なお，政府は公的年金の積立金などの金融資産をもっている。政府債務残高から金融資産残高を差し引くと純債務残高が得られる。純債務残高対 GDP 比の国際比較でも，日本政府は先進国の中で最悪の水準である。
>
> ■図 1-9　債務残高対 GDP 比の国際比較

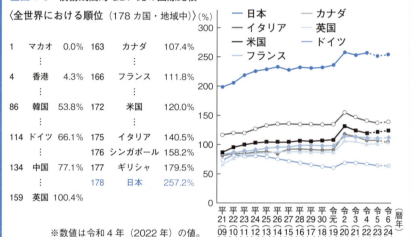

> ※数値は令和 4 年（2022 年）の値。
>
> （出所）財務省ウェブサイト「財政に関する資料」より引用。
> https://www.mof.go.jp/tax_policy/summary/condition/a02.htm

1.2　歳入と歳出

1.2.1　実際：日本政府の歳入と歳出

　政府の公債発行を決定する要因が，政府の収入と支出である。政府の収入を**歳入**，政府の支出を**歳出**と呼ぶ。図 1-10 には，国の一般会計予算における歳入と歳出を示した。国には，資金のやりとりを行うさまざまな会計があるが，

もっとも重要な会計が**一般会計**である。

図 1-10 によれば，歳出には，**社会保障，地方交付税，公共事業，文教及び科学振興，防衛**，その他の経費がある。これらの歳出によって，国民への公共サービスが実施されている。ここで地方交付税は，地方自治体に対して交付される資金であり，地方自治体の公共サービスに使われる。地方交付税は第6章「国と地方の関係から考える財政学」で学ぶ。

歳出にある**国債費**は**利払費**と**債務償還費**に分かれる。利払費は，**図 1-2** でも示したように，国債を保有している金融機関などに支払う利払いである。債

■ 図 1-10　国の一般会計予算：歳入・歳出の構成（2024年度）

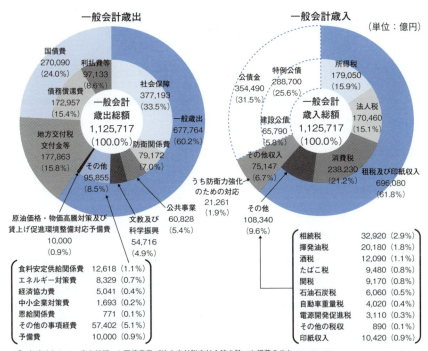

※「一般歳出」とは，歳出総額から国債費及び地方交付税交付金等を除いた経費のこと。
※「基礎的財政収支対象経費」（＝歳出総額のうち国債費の一部を除いた経費のこと。当年度の政策的経費を表す指標）は，859,390（76.3%）

（出所）財務省ウェブサイト「財政に関する資料」より引用。
https://www.mof.go.jp/tax_policy/summary/condition/a02.htm

務償還費は，国債の償還のための経費である。

一方，歳入には，租税及び印紙収入，その他収入，公債金がある。租税及び印紙収入には，所得税，法人税，消費税，その他税収が計上されている。租税については，第2章と第3章「身近な税金から考える財政学」で学ぶ。

公債金は新規の公債発行による収入である。公債は，特例公債と建設公債に分かれている。歳入のかなりの割合を，公債金が占めていることに注意しなければならない。国の財政が公債の発行に依存せざるを得なくなっていることがわかる。

図1-11には，国の一般会計における歳出と歳入の推移を示した。折れ線グラフで一般会計の歳出と税収が描かれている。折れ線グラフに示される当初予算については，後に説明する。日本の国の一般会計では，税収等よりも歳出が大きい状態が続いており，その差額が公債発行額となる。棒グラフは公債発行額であるが，建設公債発行額よりも特例公債発行額が大きくなっている。

1990～1993年度の4年間は，特例公債（赤字国債）の発行がゼロであった。

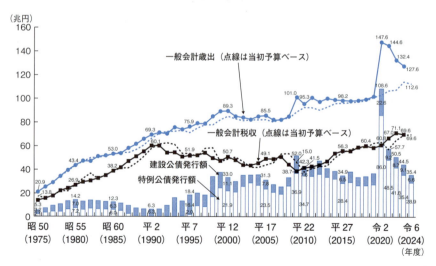

■図1-11　国の一般会計における歳出と歳入の状況

（出所）財務省ウェブサイト「財政に関する資料」より引用。
https://www.mof.go.jp/tax_policy/summary/condition/a02.htm

この期間はバブル経済による好景気で，税収が増加したことが背景にある。ところが，バブル経済が崩壊すると，景気の低迷によって税収が落ち込んだ。そして，高齢化の進展などで歳出の増加を抑制することが困難になり，特例公債の発行が常態化した。

　2009年度と2020年度に一般歳出が大きく伸びているのは，アメリカで起こったリーマンショックと新型コロナウイルス感染症の拡大に対する経済対策を実施したためである。巨額の経済対策の資金のほとんどは特例公債の発行によって賄われた。

　これらの経済危機において，財政による経済対策が実施されていなければ，家計や企業の経済活動は，いっそう悪化していたと考えられる。このように，経済が低迷する場合には，財政が資金を使うことで景気の悪化を抑制する必要がある。ただし，多くの場合，経済対策は多額の特例公債の発行を伴うことになり，財政の悪化を招く。

▶ 1.2.2　制度：予算原則と予算編成の流れ

　日本の国の予算には，一般会計予算の他に，特別会計予算と政府関係機関予算がある。一般会計は，もっとも注目される予算ではある。特別会計は，年金特別会計や労働保険特別会計など，特定の政策に直結している予算であり，区分経理が合理的な場合に設置されている。政府関係機関予算は，特殊法人などの政府が出資している機関である。

　日本国憲法は「第七章　財政」において，予算に関して基本的な原則を示している。

第83条（財政処理の権限）　国の財政を処理する権限は，国会の議決に基づいて，これを行使しなければならない。

第84条（課税の要件）　あらたに租税を課し，又は現行の租税を変更するには，法律又は法律の定める条件によることを必要とする。

第86条（予算の作成と国会の議決）　内閣は，毎会計年度の予算を作成し，国会に提出して，その審議を受け議決を経なければならない。

　第83条や第86条に示されているように，国の予算は国民の代表からなる国

会によって統制される。このように，近代民主主義国家では，国民による議会が国の財政を運用する**財政民主主義**が採られている。また，第 84 条は，租税についても法律を定めて国民の同意を得る**租税法律主義**を要請している。

　予算は自由に編成することはできず，**予算原則**が形成されている。代表的な予算原則を示そう。第 1 に，**公開性の原則**は，予算は国民に公開されなければならないとする。第 2 に，**事前議決の原則**は，予算は執行する前に国会の議決を経て承認されなければならないとする。第 3 に，**総計予算主義の原則**は，政府の歳入と歳出は，すべて予算に計上しなければならないとする。第 4 に，**単年度主義の原則**は，予算の対象となる会計年度は通常 1 年とし，予算は原則として 1 年ごとに作成されなければならないとする。第 5 に，**単一性の原則**は，政府の歳入と歳出は，すべて単一の予算に計上しなければならないとする。

　ただし，現実の予算が，すべての予算原則を満たしているわけではない。たとえば，特別会計予算は単一性の原則の例外であり，完成まで数年を要する国の事業，たとえば防衛省の戦艦建造費などは，単年度主義の原則の例外である。

　さて，図 1-10 で示した国の歳出と歳入は，どのようにして決められるのだろうか。ここでは国の場合を例とする。民主主義国家の場合，国といえども，勝手に租税を国民に課したり，税収を勝手に使うことは許されない。国民の代表として国会議員を選挙で選び，国会にて租税をどのように課すのかを法律で定め（**租税法律主義**：法律の根拠がなければ租税を課すことはできない），その税収をどのように使うのか，あらかじめ（予め）決めておく**予算**を定め，国会にて審議して議決を得ることが必要になる。

　図 1-12 は，日本の国の場合の**予算編成**の流れである。予算を決めていく過程が予算編成である。まず，経済財政諮問会議が「経済財政運営と改革の基本方針」（**骨太の方針**）を提示し，予算編成の指針を示す。各省庁は来年度予算の**概算要求**を準備する。概算要求とは，各省庁が財務省に対して行う財政支出の要求のことである。

　概算要求が無制限に膨らむことを抑止するため，財務省は概算要求基準を示す。概算要求基準には，**シーリング**と呼ばれる概算要求の上限が決められている。各省庁が概算要求を提出したのち，財務省と各省庁は予算編成作業に入る。年末に，歳入の見積もりを含めた財務省原案が提示され，若干の折衝を経て，

■図 1-12　国の予算編成の流れ

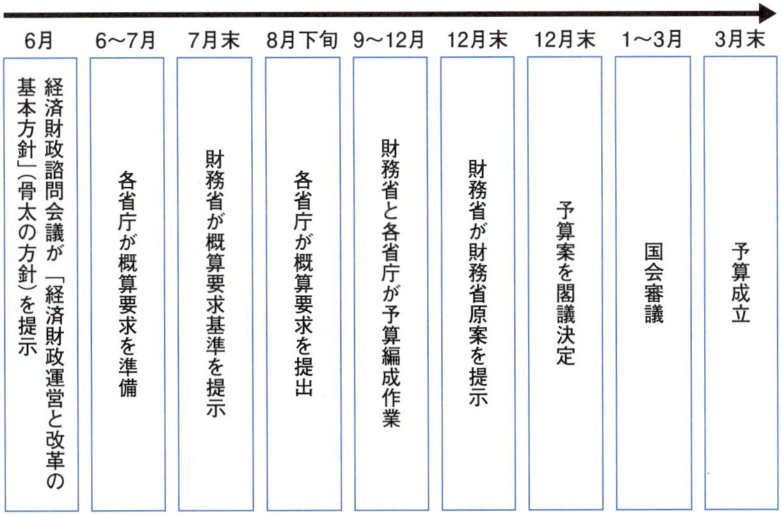

6月	6〜7月	7月末	8月下旬	9〜12月	12月末	12月末	1〜3月	3月末
経済財政諮問会議が「経済財政運営と改革の基本方針」（骨太の方針）を提示	各省庁が概算要求を準備	財務省が概算要求基準を提示	各省庁が概算要求を提出	財務省と各省庁が予算編成作業	財務省が財務省原案を提示	予算案を閣議決定	国会審議	予算成立

（備考）日程は目安である。

予算案が閣議決定される。

　年が明けて 1 月になれば国会にて予算案が審議される。3 月末までに衆議院と参議院にて予算案が議決すれば，年度が明けた 4 月から予算を執行できる。このようにして成立する予算が当初予算である。

　なお，衆議院が可決した予算に関しては，憲法の衆議院の優越の規定により，参議院への送付から 30 日で自然成立する。もし，3 月末になっても予算を議決できなかった場合は，必要最低限の暫定予算を国会で議決して対応する。

　4 月からは当初予算を使う（執行する）ことができるのだが，年度の途中で予算が足りなくなることがある。この場合は，年度途中で補正予算を組み，国会にて議決をする。図 1-10 は一般会計当初予算であり，図 1-11 の折れ線の実線は，当初予算と補正予算を合わせた金額である。

　地方自治体においても予算編成が行われるが，国よりも遅れて実施される。国から地方自治体への補助金が確定しなければ，地方自治体の予算を組むこと

が難しいからである。

▶ 1.2.3　理論：財政政策の理論

　政府の予算の規模はどのようにして決められるのだろうか。政府の予算の規模は，経済の規模を左右する。たとえば，経済危機に陥ったとき，財政による経済対策を実施する必要があることは，近年のリーマンショックや新型コロナウイルス感染症に対する経済対策の経験からも明白である。本項では，こういった財政政策の経済効果に関する理論を学ぶ。

　一般的な経済学では，右下がりの需要曲線と右上がりの供給曲線が交わる均衡において，均衡価格と均衡数量が決定されると習う。マクロ経済における財・サービス市場でも，右下がりの総需要曲線と右上がりの総供給曲線が交わる均衡において，物価水準と生産量が決まる。図1-13上図には，横軸を生産量 Y，縦軸を物価 P としたマクロ経済における財・サービス市場が描かれている。時間の想定は短期とし，総供給曲線は水平とする。短期の物価 P は固定的であり，その水準を $P=1$ とする。

　したがって短期においては，総需要曲線が生産量 Y を決定する。このとき，総需要曲線と総供給曲線が交わる E 点が均衡となり，生産量は Y^* である。□ $OHEG$ は名目GDPもしくは国民所得である。

　図1-13下図には，上図を別の角度から描いた図を示した。横軸は生産量 Y，または $P=1$ なので国民所得 Y であり，縦軸は総需要・総供給である。45度線は総供給であり，この線上では，総供給，国民所得 Y，総需要がすべて等しいことを意味する。総需要が右上がりの直線で描かれるとき，均衡の F 点で国民所得を決定できる。このモデルによる分析は，45度線分析と呼ばれる。

　総需要 Y_D は，家計，企業，政府が財・サービス市場から財・サービスを購入したい数量である。その構成は消費 C ＋投資 I ＋政府支出 G ＋純輸出 NX とする。なお，純輸出は（輸出－輸入）である。消費 C は家計の需要，投資 I は企業の設備投資や家計の住宅投資などの需要，政府支出 G は政府の需要，純輸出 NX は海外からの需要である。

$$Y_D = C + I + G + NX$$

■図 1-13　マクロ経済における財・サービス市場

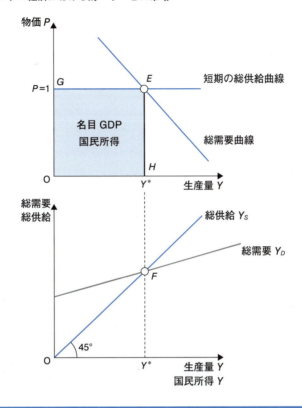

　簡単化のため，消費 C 以外の構成要素は一定であるとしよう。消費 C は，家計の可処分所得（$Y-T$）に依存すると考える。可処分所得は，国民所得 Y から税 T を差し引いて得られ，下記のように定式化する。

$$C = c_0 + c_1(Y-T) = c_0 - c_1 T + c_1 Y$$

c_0 は可処分所得がゼロでも生存のために必要な**基礎消費**，c_1 は**限界消費性向**である。限界消費性向とは，可処分所得1単位の増加に対する消費の増加割合（$0 < c_1 < 1$）である。

　図 1-14 上図には，横軸の可処分所得（$Y-T$）と縦軸の消費 C の関係であ

る消費関数を示している。縦軸の切片は基礎消費 c_0, 消費関数の傾きは限界消費性向 c_1 である。税 T が国民所得 Y に依存しないなら，図 1-14 下図のように，横軸を国民所得 Y として消費関数を描くことができる。このとき切片は $c_0 - c_1 T$ となる。

図 1-14 下図を踏まえ，図 1-15 に消費関数 C を描いている。消費 C 以外の総需要の構成要素は一定であるから，消費関数 C に投資 I ＋政府支出 G ＋純輸出 NX を加えれば，総需要 Y_D を得ることができる。総需要 Y_D と 45 度線の総供給 Y_S が交わる E 点において，国民所得 Y^* が決定される。

均衡 E 点では，総需要 Y_D が国民所得 Y^* と等しくなることから，下記が成立し，整理すれば国民所得 Y^* の（1）式が得られる。

$$Y^* = (c_0 - c_1 T + c_1 Y^*) + I + G + NX$$
$$Y^* = (c_0 - c_1 T + I + G + NX)/(1 - c_1) \qquad (1)$$

■図 1-14　消　費　関　数

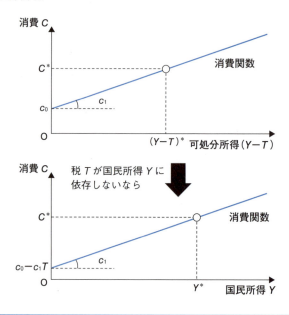

さて，国民所得 Y^* は，財・サービス市場は均衡しているものの，労働市場は均衡しておらず，失業者がいる状態だとする。労働市場では，企業や政府が労働需要側として労働者を雇い，家計が労働供給側として労働を提供している。労働市場で非自発的失業が存在する場合，家計の労働供給に比べて，企業や政府の労働需要が弱いことになる。

そこで図 1-15 において，政府は政府支出を $\triangle G$ だけ増やすことを決定する。このとき，新しい総需要 Y'_D は下記のようになる。

$$Y'_D = C + I + G + \triangle G + NX$$

図 1-15 には，総需要 Y_D に $\triangle G$ を加えた新しい総需要 Y'_D が描かれている。このとき，45 度線の総供給 Y_S が交わる F 点において，国民所得 Y^{**} が決定される。すなわち，政府支出が増加すれば，国民所得も増加する。

$$Y^{**} = (c_0 - c_1 T + I + G + \triangle G + NX)/(1 - c_1) \qquad (2)$$

ここで E 点の国民所得 Y^* と F 点の国民所得 Y^{**} の差をとることで，政府支

■図 1-15　45 度線分析による国民所得の決定

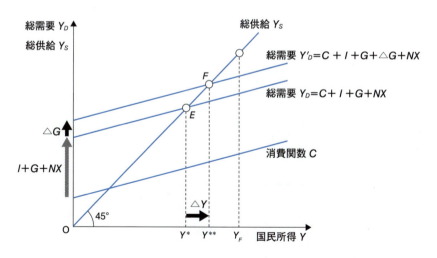

出の増加 $\triangle G$ が，どれくらい国民所得を増やしたかを検討する。(2) 式から (1) 式を差し引く。ここで $\triangle Y = Y^{**} - Y^*$ である。

$$\triangle Y = \triangle G / (1 - c_1) \tag{3}$$

すなわち，政府支出の増加 $\triangle G$ は，$(1 - c_1)$ の逆数を乗じた分だけ，国民所得を増やす。$(1 - c_1)$ の逆数は**政府支出乗数**と呼ばれる。たとえば，限界消費性向 $c_1 = 0.6$ であれば，$1/(1 - c_1) = 1/(1 - 0.6) = 1/0.4 = 2.5$ である。$\triangle G$ が 1,000 億円であれば，2,500 億円（= 1,000 億円 × 2.5）だけ，国民所得が増える。

図 1-15 の国民所得 Y^{**} でも，まだ労働市場に失業者がいると考える。労働市場が**完全雇用**となる国民所得は，図 1-15 と図 1-16 にある完全雇用国民所得 Y_F の水準であるとしよう。

完全雇用国民所得 Y_F の水準と政府支出乗数 $1/(1 - c_1)$ があらかじめ分かっていれば，完全雇用のために，どれくらい政府支出を増加させるべきかを逆算できる。現状の国民所得 Y^* とし，(3) 式を使えばよい。

■図 1-16 完全雇用を達成する政府支出の増加

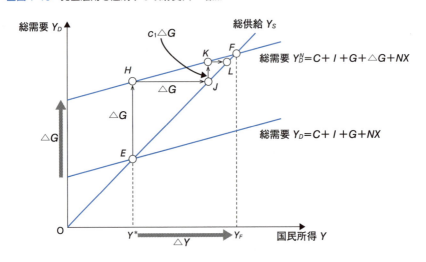

$$\triangle Y = Y_F - Y^* = \triangle G/(1 - c_1)$$
$$\triangle G = (1 - c_1)(Y_F - Y^*) \tag{4}$$

すなわち（4）式のように得られる。たとえば，Y_F が 1,020 兆円，Y^* が 1,000 兆円，限界消費性向 c_1 が 0.6 であれば，$(1 - 0.6) \times (1,020 - 1,000) = 8$ となり，8 兆円が完全雇用に必要な政府支出の増加 $\triangle G$ である。

なお，図 1-16 では，当初の均衡 E 点から完全雇用となる均衡 F 点へ至るプロセスが示されている。まず，E 点から総需要が $\triangle G$ だけ増加し H 点に移動する。H 点は均衡ではないので，国民所得が $\triangle G$ だけ増加して J 点に移動する。国民所得の増加は消費を $c_1 \triangle G$ だけ増やすので，K 点に移動する。このプロセスが F 点まで続くことになる。

なお，ここでの政府の財政は，税収 T と政府支出 G で表現されている。政府支出 $G >$ 税収 T であれば，$(G - T)$ だけの公債発行がなされていることになる。その公債発行が，債券市場にどのような影響を与えているかは，45 度線分析には含まれていない。本来ならば，財・サービス市場，労働市場とともに，債券市場を含む資産市場を考察することが重要であるが，ここでは初歩的なマクロ経済における国民所得の決定について，財政政策の効果を検討してきた。

以下では，簡単に公債発行を伴う政府支出の増加が，債券市場に与える影響を考えてみよう。公債発行は債券の供給を増やし，債券需要や日本銀行の金融政策が変わらないならば，債券価格は低下する。債券価格と利子率には逆の関係があり，債券価格が低下すれば，利子率（金利）は上昇する。

利子率は信用力の指標である。信用できない家計や企業が借り入れをする場合，その利子率は高くなる。公債の利子率は，通常は一国の中でもっとも低い利子率である。なぜなら，一国の中で，徴税権をもつ政府がもっとも信用力が高いからである。一般的には，公債の利子率が上昇すると，その国内の民間の利子率も上昇する。これをソブリン・シーリングと呼ぶ。

民間の利子率の上昇は家計や企業の経済行動に影響を与える。利子率が上がれば，家計は住宅ローンを組みにくくなり，住宅投資が減退する。企業は，借り入れによる資金調達が困難になり，設備投資が減退する。公債発行による利

子率の上昇は，民間の資金調達を圧迫する**クラウディングアウト**を引き起こす。このような分析は，マクロ経済学の *IS-LM 分析*で学ぶことができる。

最後に，経済が完全雇用を実現しているときに，政府支出が増加した場合の影響を考えてみる。先の45度線分析のモデルでは，物価水準を1に固定していたが，完全雇用が実現しているときに，政府支出などの需要が増えても，実質所得は増加しにくい。この場合は，物価水準が上昇する**インフレーション**が生じる。このような分析は，マクロ経済学の *AD-AS 分析*で学ぶことができる。

したがって，経済がどのような状態なのか，政府支出の財源をどのように調達するかによって，政府支出の増加のマクロ経済への効果は異なってくる。政府の政府支出は，その規模のみならず，どのような成果をもたらす支出なのか，つまり歳出は量だけでなく質も重要である。この点については，第5章「財政再建から考える財政学」で学ぶことにする。

コラム 1.2　財政規模の国際比較：大きな政府と小さな政府

政府の財政規模は，政府支出対 GDP 比（＝政府支出 /GDP）もしくは租税収入対 GDP 比（＝租税収入 /GDP）で測定できる。これらの国際比較を行うことで，政府支出や租税収入が「大きな政府」なのか「小さな政府」なのかを相対的に判断できる。

図 1-17 には，OECD 諸国の政府支出対 GDP 比ならびに租税収入対 GDP 比が示されている。政府支出は，総支出，社会保障支出，社会保障以外の支出に区分されている。

まず，日本の総支出対 GDP 比の規模は，どちらかといえば小さい。ところが，日本の社会保障支出対 GDP は中程度の規模である。その理由は，日本の社会保障以外の支出が非常に小さいからである。一方，租税収入対 GDP 比も非常に小さい。そのため，租税収入から総支出を差し引いた財政収支を対 GDP 比で示すと，大きな赤字になる。これが公債発行となる。

日本財政の問題は，租税収入が小さい割に，社会保障支出が大きいことにある。

■図 1-17　OECD諸国の政府支出及び収入の関係

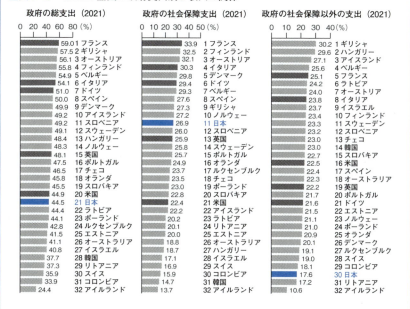
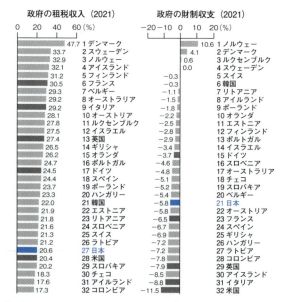

（出所）財務省『日本の財政関係資料（令和6年4月）』より引用。
https://www.mof.go.jp/policy/budget/fiscal_condition/related_data/index.html

第2章

身近な税金から考える
財政学①

2.1　消　費　税

▶ 2.1.1　実際①：消費税の税収と使途

　本章では政府の歳入において重要な役割を果たす租税を取り扱う。まずは，生活に密接に関連している消費税から始めよう。

　家計，企業，政府といった経済主体は市場においてさまざまな財・サービスを消費する。それらの消費に対して課される租税を消費課税と呼ぶ。消費課税は，あらゆる財・サービスに対して課税を行う一般消費税と個別の財・サービスに対して課税を行う個別消費税に分類される。個別消費税の例として，酒やたばこについて課される酒税，たばこ税などが挙げられる。日本の消費税は一般消費税に分類され，ほぼすべての財・サービスに対して課税される。

　ただし，一部の取引には消費税を課税しないことが定められており，それらの取引を非課税取引という。たとえば①土地の譲渡および貸付，行政手数料等は税の性格から課税対象としてなじまないため，②医療・介護サービス，住宅の貸付，一定の学校の授業料，入学金などは社会政策的配慮のため非課税とされている。

　政府の税収全体に占める割合が大きい租税のことを基幹税と呼ぶが，消費税は基幹税の一つであり，政府の重要な財源となっている。図 2-1 の左の棒グラフは 2024 年度の消費税（国・地方）の税収と税率構造を示している。2024

27

■図 2-1　消費税の使途（2024 年度予算）

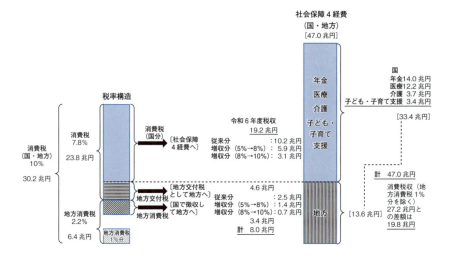

（出所）財務省ウェブサイト「消費税の使途に関する資料」より引用。
https://www.mof.go.jp/tax_policy/summary/consumption/d05.htm

年度の消費税（国・地方）の税収は 30.2 兆円であり，第 1 章でみたように 2024 年度の一般会計歳入の総額が 112.6 兆円であったことを考えると，消費税の税収規模がいかに大きいかがわかるだろう。

　一般的に消費税の税率は 10％といわれることが多いが，これは国税である「消費税」の税率 7.8％と地方税である「地方消費税」の税率 2.2％を合計したものである。国税とは国の政府（中央政府）の税収となる租税であり，地方税とは都道府県や市町村といった地方自治体（地方政府）の税収となる租税のことである。地方消費税は国税の消費税と一括して国（税務署）に納税された後，消費と人口に関連する指標を用いた清算基準に基づいて各都道府県に按分される。都道府県に清算された後の地方消費税の 50％は市町村に交付される。

　また，国税の消費税の一部（19.5％分）は地方交付税という国から地方自治体への交付金の財源として用いられる。地方交付税については第 6 章「国と地方の関係から考える財政学」で詳しく説明する。

　したがって消費税（国・地方）の税率 10％のうち約 3.7％が最終的に地方自

治体の歳入となる。2024年度では，30.2兆円の消費税収（国・地方）のうち23.8兆円が消費税として国の歳入となるが，うち4.6兆円が地方交付税交付金として地方自治体に交付されるため，地方消費税収6.4兆円を加えた11兆円程度が地方自治体の歳入となる。

なお，図2-1の上段にある消費税（国分）の「従来分」というのは，2014年4月に実施された消費税増税前の税率5％時の税収であり，「増収分」というのは2014年4月（5％→8％）および2019年10月（8％→10％）に行われた消費税の増税に伴う税収の増分を意味する。

国税の消費税の税収は原則として社会保障に要する経費の財源として使用される。1999年度以降，予算総則によって，国税の消費税の収入（地方交付税交付金を除く）は高齢者3経費（基礎年金，老人医療，介護）に充てることとされた。その後，「社会保障・税の一体改革」のもとで，2014年4月以降，国税の消費税（地方交付税交付金を除く）および地方消費税の税率引上げ分の使途が明確化され，社会保障4経費（年金，医療，介護，子ども・子育て支援）に充てられることが決まった。なお，地方消費税率2.2％のうち，2014年の消費税増税以前の税率である1％分の使途については，地方自治体の裁量で決めることができる。したがって，消費税（国・地方）の税収のうち，75％ほどに相当する税収は国と地方の社会保障の財源となる。

図2-1の右の棒グラフは国と地方の社会保障4経費（国・地方）の合計額である。2024年度は国の社会保障関係費が33.4兆円，地方の社会保障に関する経費が13.6兆円となっており，国・地方ともに消費税，地方消費税の税収のみでは必要な財源を賄えていないのが現状である。

▶ 2.1.2　実際②：各国の付加価値税と軽減税率

次に，日本の消費税率が諸外国の税率と比較するとどの程度の水準にあるのか確認してみよう。海外でも日本の消費税に相当する付加価値税（VAT: Value Added Tax）という租税があり，多くの国が付加価値税を採用している。

図2-2は諸外国の付加価値税の標準税率と食料品にかかる適用税率を示したものである。標準税率とは一般的にほぼすべての財・サービスに対して課される税率である。食料品にかかる適用税率が標準税率よりも小さい場合，その

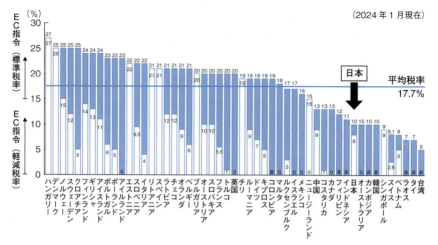

■図 2-2 付加価値税率（標準税率と食料品に対する適用税率）の国際比較

（備考）上記の白色の棒グラフ中の数字は食料品にかかる適用税率である。
（出所）財務省ウェブサイト「消費税など（消費課税）に関する資料」より引用。
https://www.mof.go.jp/tax_policy/summary/itn_comparison/j04.htm

国は食料品に対して**軽減税率**などの軽減措置を行っていることになる。軽減税率とは何らかの事由により特定の財・サービスに対して課される標準税率よりも低い税率のことである。

　図2-2から，スウェーデン，デンマーク，ノルウェーといった北欧諸国の標準税率は高く，おおむね25％ほどであることがわかる。また，EU諸国の標準税率も比較的高く，20％を超える国が多い。EUでは付加価値税率がEU域内の公平な競争を妨げたり，脱税に利用されたりすることがないように，2006年のEC指令（Council Directive 2006/112/EC：いわゆるVAT指令）によって，付加価値税の標準税率を15％以上とすることが規定されている。

　EU平均やOECD平均の標準税率と比較すると，日本の標準税率は低い水準にあり，他のアジア諸国と同程度の水準であることがわかる。

　食料品にかかる適用税率に目を向けると，多くの国で食料品に対して何らかの軽減措置が採られている。イギリス，アイルランド，オーストラリアといった国では食料品に対して**ゼロ税率**を適用し，韓国，タイ，台湾などの国・地域

では食料品は非課税対象とされている。また，それ以外の多くの国でも軽減税率が適用されており，食料品に対する税率は標準税率よりも低くなっている。

他国と比較すると，日本の食料品に対する軽減税率の水準（8％）はそれほど高いわけではない。ただし，日本では標準税率と軽減税率との差が2％と小さく，軽減税率による税負担の軽減効果は小さいと考えられる。

▶ 2.1.3　制度①：消費税制の変遷

日本で初めて消費税が導入されたのは1989年4月1日のことである。消費税の導入以前にも特定の奢侈品や比較的高価な物品に対して物品税が課されていたが，消費税の導入によってほぼすべての財・サービスに対して同一の税率（単一税率）が課されることとなった。消費税の導入当初の税率は3％であり，国税の消費税のみであった。

その後，国・地方の安定的な税収の確保や所得・消費・資産等のバランスのとれた租税体系の構築といった観点から，1997年4月に地方消費税が創設されるとともに，税率が5％に引き上げられた。このとき，国税の消費税の税率は4％，地方消費税の税率は1％であった。

その後も少子高齢化に伴う社会保障関連の経費の増加や恒常的な財政赤字を背景に，消費税率引上げの議論が進められ，2014年4月1日に8％（国の消費税率6.3％＋地方消費税率1.7％），2019年10月1日には10％（国の消費税率7.8％＋地方消費税率2.2％）に税率が引き上げられた。

消費税の増税とともに，消費税率（国・地方）に占める地方消費税の税率の割合が上昇しており，地方自治体にとっての重要性がますます高まっている。また，税率の10％への引上げと同時に軽減税率が導入され，①酒類・外食を除く飲食料品，②週2回以上発行される新聞（定期購読のみ）に対して8％（国の消費税率6.24％＋地方消費税率1.76％）の軽減税率が適用されている。

▶ 2.1.4　制度②：仕入税額控除

租税を実際に負担する者を担税者，租税を税務当局（税務署）に納税する者を納税者という。消費者は通常，財・サービスを購入する際に消費税を含んだ価格で商品を購入するため，消費税の担税者は消費者である。しかし，消費者

は消費税を直接税務当局に納税するわけではなく，財・サービスを販売している事業者に対して消費税を支払う。その後，事業者が消費税を税務当局に納税するのである。

消費税は担税者と納税者が異なると想定される税であり，このような租税のことを間接税という。また，担税者と納税者が同一であると想定される税は直接税といい，所得税や法人税は直接税である。

納税者である事業者は消費税の金額を商品価格に上乗せすることで，消費者に税負担を移すことができる。このように，ある経済主体が税負担を他の経済主体に移転することを転嫁という。また税負担が最終的な負担者に行き着く（それ以上転嫁が生じない状態）ことを帰着という。

消費税は小売から消費者への段階のみに課税されるわけではなく，生産や流通におけるそれぞれの段階において課税される多段階課税であり，取引が行われるたびに各事業者が納税の義務を負う。

この点について図2-3を用いて具体的に考えてみよう。ここでは，ある商品について，製造業者，卸売業者，小売業者の順に取引を行い，最終的に消費者が小売業者から商品を購入すると仮定する。

まず，図2-3（1）の消費税がない場合からみてみよう。製造業者は商品を5,000円で卸売業者に販売する。簡単化のために製造業者の仕入額をゼロとすると，売上額5,000円が製造業者の利益となる。次に卸売業者は8,000円で商品を販売し，製造業者からの仕入額5,000円を差し引いた3,000円の利益を得る。同様に，小売業者は卸売業者から8,000円の仕入れを行い，10,000円で商品を販売すると，2,000円の利益を得る。最後に，消費者は小売業者から税抜価格10,000円で商品を購入する。

次に図2-3（2）では，この商品に10％の消費税が課されたとしよう。ここで，各事業者は消費税がない場合の利益を維持するように価格設定を行うとする。このときの各事業者の納税額と消費者の負担額を確認する。

まず，製造業者と卸売業者の取引に注目すると，製造業者は仕入れがゼロであり，税抜価格＝利益であることから，税抜価格5,000円であれば消費税がない場合と同じ利益を得ることができる。したがって，製造業者は500円（＝5,000円×10％）の消費税を加えた税込価格5,500円で商品を卸売業者に販売

■図 2-3 仕入税額控除の仕組み

(1) 消費税がない場合

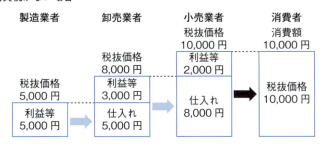

(2) 消費税（10%）がある場合

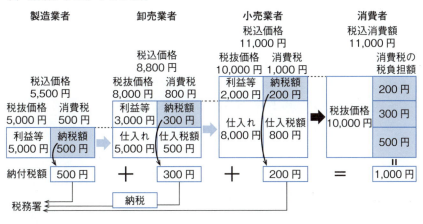

し，消費税額 500 円を税務署に納税する。

　次に卸売業者と小売業者間の取引をみてみよう。卸売業者は税込価格 5,500 円で仕入れを行っているため，消費税課税前の利益 3,000 円を維持するためには，税抜価格を 8,500 円（＝5,500 円＋3,000 円）に設定し，税込価格 9,350 円（＝8,500 円×1.1）で商品を販売しなければならないように思える。この場合，すでに卸売業者が仕入れの段階で支払った消費税額 500 円の部分にも消費税率が乗じられるため，税負担が累積され過大になる。

　しかし，日本では仕入税額控除制度を採用しているため，上記の問題を回避することができる。仕入税額控除制度とは，売上から得た税額（売上税額）か

ら仕入れの際に支払った税額（仕入税額）を差し引いた金額（＝売上税額−仕入税額）を事業者が納税する制度である。つまり，卸売業者は売上税額から仕入税額500円を差し引くことができるため，仕入税額500円を税抜価格に上乗せする必要がなくなる。

したがって，卸売業者は税抜価格を消費税がない場合と同じ8,000円（＝5,000円＋3,000円）に設定し，税込価格8,800円（＝8,000円×1.1）で小売業者に販売する。この場合，卸売業者は300円（＝売上税額800円−仕入税額500円）を税務署に納税する。

小売業者も同様に，税抜価格を消費税がない場合と同じ10,000円（＝8,000円＋2,000円）に設定し，消費税10%分を加えた11,000円で商品を販売する。このとき，小売業者は200円（＝売上税額1,000円−仕入税額800円）を税務署に納税し，消費者は消費税1,000円を負担する。

このとき，各事業者の税務署への納税額の合計は1,000円（＝500円＋300円＋200円）である。ただし，各事業者は消費税の負担額を価格に上乗せすることで次の段階の取引先に転嫁を行い，最終的に税負担は全額消費者に帰着する。したがって，各事業者の納税額の合計1,000円は消費者の税負担額1,000円と一致する。

▶ 2.1.5　理論①：課税の経済効果

租税はしばしば経済主体の経済活動に変化を与えることがある。たとえば，消費税の増税により財・サービスの価格が上昇すると，消費を控える家計が増えるだろう。また企業によっては売上の減少を危惧し，消費税の増税分を価格に上乗せしない場合もあり得る。この場合，家計の消費行動は変化しないが，企業の利潤が減少してしまう。このように政府による課税はその目的にかかわらず，家計や企業といった経済主体の行動に歪みをもたらし，社会的厚生を損なってしまう。

また，租税の徴収方式が従量税か従価税かによって，経済主体への影響も異なる。従量税とは財・サービスの数量（個数，容量，面積など）を基準にして税率を定める課税方式であり，従価税とは価格に対する一定の比率を税率とする課税方式である。

たとえば，1個100円のパンに課税する場合を考える。パン1単位の生産につき t 円の課税を行う場合は従量税であり，パンの課税後価格は「100円+t円」で表すことができる。一方で，パンの価格に対して t%の税率を課す場合は従価税であり，パンの課税後価格は「100円×$(1+t\%)$」で表すことができる。日本の租税においては，消費税は従価税，たばこ税や酒税は従量税にあたる。

それでは，課税が財・サービス市場へ与える影響について図2-4を用いて考えてみよう。図2-4の縦軸は価格 P，横軸は数量 X であり，右上がりの直線 S が課税前の供給曲線，右下がりの直線 D が需要曲線を表している。課税がない場合，課税前供給曲線 S と需要曲線 D が交わる E 点で均衡が達成され，均衡数量 X^* と均衡価格 P^* が定まる。このとき，消費者余剰は△P^*EH，生産者余剰は△P^*EI，社会的余剰は△IEHで最大となり，効率的な資源配分が達成されている。

次に，政府が企業に対して生産1単位あたり T 円の従量税を課すとしよう。1単位あたり T 円を課税するということは，企業の1単位あたりの生産コストが T 円だけ増加することを意味する。したがって，企業の供給曲線は課税前

■図2-4 課税による市場への影響

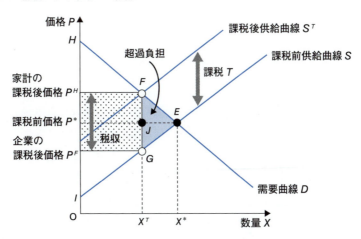

の供給曲線 S から T 円だけ上にシフトし，課税後の供給曲線は S^T となる。このとき，課税後供給曲線 S^T と需要曲線 D のもとで新たな均衡 F 点が達成され，課税後の均衡数量は X^T，均衡価格は P^H となる。

　均衡 F において，家計は課税後価格 P^H で商品を購入することになるため，消費者余剰は $\triangle\, P^H FH$ である。生産者は P^H で財を販売するが，P^H がそのまま生産者の財 1 単位あたりの売上となるわけではない。なぜなら財 1 単位につき T 円を税務当局に納税しなければならないためである。したがって，企業が財 1 単位の販売から得られる売上（企業の課税後価格）は $P^F\,(=P^H-T)$ であり，生産者余剰は $\triangle\, P^F IG$ となる。

　政府は課税によって，1 単位あたりの税額（T）×数量（X^T）だけの税収を得ることができる。図 2-4 においては，$FG=T$ であることから，FG に課税後の均衡数量 X^T を乗じた $\square\, P^F GFP^H$ が政府の税収となる。

　税負担という用語が一般的に使用されているように，租税は徴収の段階では家計や企業にとって負担である。しかし，政府は課税により調達した税収を財源として，さまざまな公共サービスの供給を行い，家計や企業は公共サービスから便益を得ることができる。したがって，税収は社会的余剰の損失ではなく，社会的余剰の一部となる。

　これを考慮に入れると，課税後の社会的余剰は消費者余剰，生産者余剰，税収の和であり，$\square\, IGFH\,(=\triangle\, P^H FH+\triangle\, P^F IG+\square\, P^F GFP^H)$ で表すことができる。これを課税前の社会的余剰 $\triangle\, IEH$ と比較すると $\triangle\, GEF$ の分だけ社会的余剰が減少している。これは課税によって $\triangle\, GEF$ だけ効率性の損失が発生したことを意味し，この課税による社会的余剰の減少分を**超過負担**（Excess Burden）と呼ぶ。

　企業に対して課税する場合，納税者は企業であるが，実は家計も税を負担している。そこで，家計と企業のそれぞれの税負担について考えてみよう。まず，家計は課税前には価格 P^* で財を購入できたが，課税後に価格が P^H に上昇するため，その差（$=P^H-P^*$）が家計の財 1 単位あたりの税負担となる。また，課税後の均衡 F のもとでは均衡数量が X^T であるため，家計の税負担額は 1 単位あたりの税負担額 P^H-P^* に均衡数量 X^T を乗じた $\square\, P^* JFP^H$ となる。同様に企業の 1 単位あたりの税負担は課税前価格 P^* から課税後価格 P^F を差し引

いた部分（$=P^*-P^F$）であり，これに均衡数量 X^T を乗じた□P^FGJP^* が企業の税負担となる。図 2-4 においては，家計と企業の税負担は同程度となっているが，家計と企業の税負担の割合は需要と供給の価格弾力性にも影響を受ける。

▶ 2.1.6 理論②：価格弾力性と超過負担

課税による超過負担の大小および家計と企業の税負担の割合は価格弾力性に大きく依存する。価格弾力性とは価格の変化に対して需要量あるいは供給量がどの程度変化するかを表すものである。基準年の需要量を D_t，比較年の需要量を D_{t+1}，基準年の価格を P_t，比較年の価格を P_{t+1} とすると需要の価格弾力性は次式で定義される。

$$需要の価格弾力性 = -\frac{(D_{t+1}-D_t)/D_t}{(P_{t+1}-P_t)/P_t} = -\frac{需要量の変化率}{価格の変化率}$$

上式からわかる通り，需要の価格弾力性は価格の変化率に対する需要量の変化率である。つまり，価格が 1％変化したときに需要量が何％変化するかを表している。

需要の価格弾力性が大きい財は，価格が少し上昇したときに需要量が大きく減少する財であり，ブランド品や高級車などの奢侈品が挙げられる。一方で，需要の価格弾力性が小さい財は，価格が大きく上昇しても需要量の減少が小さい財であり，食物や衣類などの生活必需品が挙げられる。

価格弾力性の大小は需要曲線の傾きにも反映され，需要の価格弾力性が大きい財の需要曲線の傾きは緩やかになり，需要の価格弾力性が小さい財の需要曲線の傾きは急なものとなる。

次に，供給の価格弾力性を確認する。基準年の供給量を S_t，比較年の供給量を S_{t+1}，基準年の価格を P_t，比較年の価格を P_{t+1} とすると供給の価格弾力性は次式で定義される。

$$供給の価格弾力性 = \frac{(S_{t+1}-S_t)/S_t}{(P_{t+1}-P_t)/P_t} = \frac{供給量の変化率}{価格の変化率}$$

需要の価格弾力性と同様に供給の価格弾力性は価格の変化率に対する供給量の変化率を示したものである。つまり，価格が1%変化したときに供給量が何%変化するかを表している。

では，実際に価格弾力性の違いによる超過負担の違いについて，図2-5を用いて確認しよう。図2-5は需要の価格弾力性と超過負担の大きさを示したものである。ここでは簡単化のために水平な供給曲線（供給の価格弾力性が無限大の場合）を想定する。

図2-5（1）は需要の価格弾力性が大きい財を示している。図2-5（1）において，課税前の均衡はE点であり，このときの均衡価格はP，均衡数量はXである。ここで，企業に対して1単位あたりt円の従量税を課したとすると，課税後の供給曲線はS'，課税後の均衡はF点に変化する。需要の価格弾力性が大きい財の場合，課税による価格の上昇に敏感に反応するため，均衡数量はXからX'まで大きく減少する。このときの税収はt円×数量で求めることができるため，財の数量が大きく減少すると税収も減少することになる。その結果，税収は□$PGFP'$，課税による超過負担は△GEFである。なお，供給の価格弾力性が無限大である場合，租税はすべて家計が負担することになる。

次に，図2-5（2）は需要の価格弾力性が小さい財を示している。財Yの課税前の均衡はH点，均衡価格はQ，均衡数量はYである。ここで生産者に対して図2-5（1）と同じ税率t円の従量税を課すとする。課税後の均衡はI点，均衡価格はQ'，均衡数量はY'である。図2-5（1）の場合と同じ税率t円を課しているにもかかわらず，需要の価格弾力性の小さい財では課税後の数量の減少が小さい。その結果，図2-5（1）と比較すると課税によって得られる税収は多く（□$QJIQ'$＞□$PGFP'$），超過負担は小さい（△JHI＜△GEF）。

同じ税率を課した場合により多くの税収を得ることができるということは，より低い税率で同じ税収を得ることができるということでもある。図2-5（3）は価格弾力性の小さい財に対して，図2-5（1）の場合と同じ税収（等税収）を達成するような税率t''を課したケースを図示したものである。これまでの議論から，税率t''は図2-5（1）や図2-5（2）の税率tよりも低い水準となる。等税収を仮定しているので，図2-5（1）の税収□$PGFP'$と図2-5（3）の税収□$QLKQ''$は等しい。

■図 2-5 需要の価格弾力性と超過負担

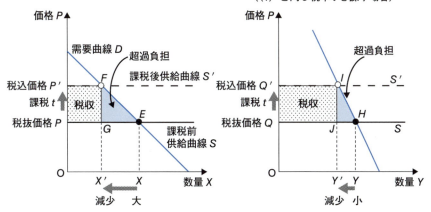

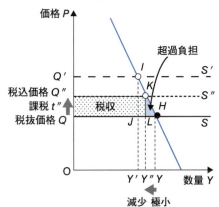

　一方で，課税による超過負担に着目すると，図 2-5（3）の超過負担△ *LHK* は図 2-5（1）の超過負担△ *GEF* よりも小さいことがわかる。したがって，税収の調達手段としても効率性の観点からも，需要の価格弾力性の小さい財に対して課税を行うことが望ましいということになる。

コラム 2.1　適格請求書等保存方式（インボイス制度）

　日本では2023年10月より仕入税額控除の方式として**適格請求書等保存方式**（いわゆる**インボイス制度**）が採用されている。これは2019年10月に消費税の税率が複数税率となったことに伴い、税率ごとの消費税額を正しく把握し、ミスや不正を防止するために導入された制度である。

　インボイス制度のもとで買手である企業が仕入税額控除の適用を受けるためには、請求書等の保存に加えて、売手である適格請求書発行事業者から交付を受けた適格請求書（インボイス）を保存する必要がある（図2-6）。一方、売手の企業がインボイスを交付するためには、事前に税務署による審査を経て、適格請求書発行事業者として登録を受ける必要がある。また適格請求書発行事業者として登録を受けると、消費税の申告が必要となるため、免税事業者（消費税の課税対象とならない事業者）でいることはできない。

　適格請求書（インボイス）には以下の記載事項が必要となる。
① 適格請求書発行事業者の氏名または名称および登録番号
② 取引年月日
③ 取引内容（軽減税率の対象品目であればその旨）
④ 税率ごとに区分して合計した対価の額（税抜きまたは税込み）および適用税率
⑤ 税率ごとに区分した消費税額
⑥ 書類の交付を受ける事業者の氏名または名称

■図2-6　適格請求書（インボイス）のイメージ

しかし，食料品や衣類などの生活必需品に対して高い税率を課すと，低所得者の負担が相対的に重くなるため，公平性の問題が発生する。つまり，効率性と公平性の間にはトレードオフ（二律背反）が存在する。

2.2 所 得 税

▶ 2.2.1 実際：所得税の税収

個人や法人の所得に対して課税される租税を所得課税という。所得課税は大きく分類すると，個人の所得に対して課される個人所得課税と法人所得に対して課される法人所得課税に分類される。国税の所得税や地方税の個人住民税は個人所得などを課税ベースとし，国税の法人税，地方税の法人事業税は法人の所得などを課税ベースとする租税である。図 2-7 は 2024 年度予算における国税と地方税の税収を示したものである。

日本の国・地方を合わせた税収構成の中で，所得課税の割合がもっとも大きく，その中で所得税や個人住民税などの個人所得課税が税収全体の約 4 分の 1 を占めていることから，個人所得課税が国・地方の財政において重要な財源となっていることがわかる。

次に国の一般会計予算と基幹税である消費税，所得税，法人税の税収の推移についてみてみよう。図 2-8 は消費税，所得税，法人税および国の一般会計の税収の推移を示したものである。

図 2-8 より一般会計の税収は一定ではなく毎年度変動していることがわかる。これは，課税ベースである個人所得額，法人所得額，消費額が景気や経済的ショックなどに左右されるとともに，税制改正によって税制が変更されることがあるためである。特に所得税や法人税といった所得課税は，課税ベースである所得が景気に左右されるため，税収の変動も大きい。

1990 年代前半のバブル経済崩壊による景気の悪化とそれに伴う経済対策としての度重なる減税によって，所得税，法人税の税収は 2000 年代前半までほぼ一貫して低下し続けた。さらに，2008 年のリーマンショックの影響で 2009

■図 2-7　2024 年度予算における国税・地方税の税収

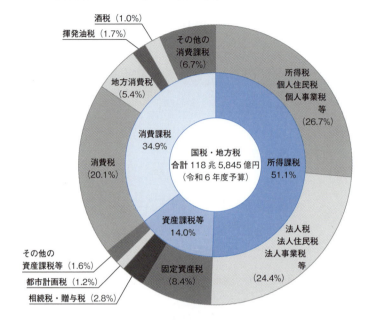

（出所）財務省ウェブサイト「税の種類に関する資料」より引用。
https://www.mof.go.jp/tax_policy/summary/condition/a01.htm

年度の税収は大きく落ち込むこととなった。その後は所得税収，法人税収ともに回復傾向にある。

　消費については，景気の良し悪しや所得の大小にかかわらず生活する上で最低限必要な消費（食料品や衣類など）があることから，所得課税と比較すると消費税の税収は安定している。

　2019 年 10 月に消費税の税率が 10％に引き上げられたこともあり，2020 年度には所得税に代わり，消費税が国税の中でもっとも税収の大きい租税となったものの，依然として所得税の税収は多く，財政における役割は大きいといえる。

■図 2-8　一般会計税収の推移

（備考）2022 年度以前は決算額，2023 年度は補正後予算額，2024 年度は予算額である。
（出所）財務省ウェブサイト「税収に関する資料」より引用。
https://www.mof.go.jp/tax_policy/summary/condition/a03.htm

2.2.2　制度：所得税の仕組み

　家計は労働の対価として給与所得を受け取る。しかし，家計はそれ以外にもさまざまな形で所得を受け取る。銀行に預金をしていれば預金額に応じて利子所得を得ることができ，配当金を出している企業の株主であれば配当所得を受け取ることができる。また株や投資信託を売却することで利益を得ることもあれば，ギャンブルでお金を得ることもあるだろう。これらすべてが所得に該当する。

　所得税法のもとでは，所得は利子所得，配当所得，不動産所得，事業所得，給与所得，退職所得，山林所得，譲渡所得，一時所得，雑所得の 10 種類に区分される。

また所得税制では収入と所得は厳密に区別されている。所得の種類によって算出方法が異なるものの，基本的には「収入から必要経費を差し引いたもの」が所得となる。事業所得の場合，事業から得た売上金額から，売上原価や販売費などを差し引いたものが事業所得となる。

日本では，各種の所得金額を合計して所得税額を算出する**総合課税制度**を原則としている。納税者は毎年1月1日から12月31日までの1年間に生じた所得とそれに対する所得税の金額を自身で計算し，税務署に報告する。この作業のことを**確定申告**という。

ただし，いくつかの所得については，他の所得とは分離して税額を計算する**分離課税制度**が採用されている。分離課税制度には源泉分離課税制度と申告分離課税制度がある。

源泉分離課税制度は，所得を支払う者が所得の支払いの際に一定の税率で所得税を**源泉徴収**し，それによって所得税の納税が完結する制度である。なお，源泉徴収とは，所得の支払者（企業など）が所得からあらかじめ所得税を徴収し，税務署に納付する制度のことである。

利子所得には源泉分離課税制度が適用され，利子所得に対し20％の比例税率（所得税15％＋個人住民税（地方税）5％）で課税され，銀行の預金額に応じて入金される利息はすでに所得税と個人住民税が差し引かれた金額となる。

申告分離課税制度は，特定の所得について他の所得と合算せずに税額を計算し，確定申告によって所得税を納税する制度である。株式等の譲渡所得や配当所得などには申告分離課税制度が適用される。上場株式等にかかる譲渡所得や配当所得には，利子所得と同様に20％の比例税率（所得税15％＋個人住民税（地方税）5％）で課税される。ただし，上場株式等の配当所得については確定申告の際に総合課税を選択することもできる。

以下では，副業をもたない給与所得者を例に所得税の仕組みを解説しよう。図2-9は日本の所得税の算出の流れを図示したものであり，これに沿って説明を進める。

まず，給与所得者の1年間の給料と賞与の合計を**給与収入**という。給与収入から給与所得控除を差し引くことで**給与所得**を計算することができる。**給与所得控除**は給与所得者にとっての経費と考えることができるが，事業所得と異な

■図 2-9　給与所得者の所得税額計算のフローチャート

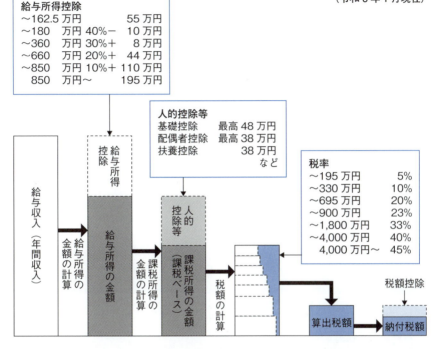

(出所) 財務省ウェブサイト「給与所得者の所得税額計算のフローチャート」より引用。
https://www.mof.go.jp/tax_policy/summary/income/b01.htm

り，実際に要した経費の金額ではなく，給与収入額に応じた概算の金額が給与所得控除額となる。

　給与所得控除には最低控除額と上限額が設定されており，給与収入が 162.5 万円以下であれば最低控除額の 55 万円，給与収入が 850 万円を超えると上限金額の 195 万円に固定される。162.5～850 万円の間では給与収入が多くなるにつれて給与所得控除額も増加する。

　また，給与所得者が業務に必要な特定の支出を自己負担しており，その合計金額が給与所得控除額の 2 分の 1 を超えるとき，超える部分の金額を給与所得控除後の所得金額から差し引くことができる「給与所得者の特定支出控除」と

いう制度も存在する。この場合，特定支出には①通勤費（定期乗車券など），②職務上の経費，③転居費，④研修費，⑤資格取得費，⑥帰宅旅費，⑦勤務必要経費が含まれる。

次に給与所得金額から所得控除を差し引くことで，課税所得を計算する。所得控除は各納税者の個別の事情による担税力の差異を調整するための制度であり，人的控除とその他の控除に分かれる。人的控除は家族構成や個人的な事情を考慮するもので，基礎的な人的控除として基礎控除，配偶者控除，配偶者特別控除，扶養控除がある。図 2-10 は主な人的控除制度の概要を示したものである。

基礎控除は納税者本人の合計所得金額が 2,400 万円（所得が給与所得のみの場合，給与収入が 2,595 万円）以下であれば 48 万円の控除を受けることができる。合計所得金額が 2,400 万円を超えると控除額が段階的に逓減し，合計所得金額が 2,500 万円を超えると消失する。

配偶者控除は生計を一にする配偶者の合計所得金額が 48 万円（所得が給与

■図 2-10　主な人的控除制度の概要

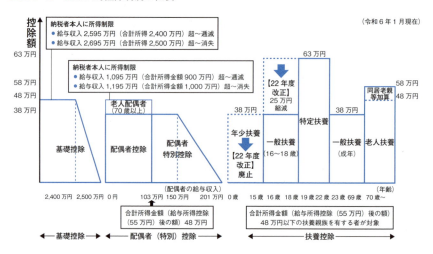

（出所）財務省ウェブサイト「所得控除に関する資料」より引用。
https://www.mof.go.jp/tax_policy/summary/income/b03.htm

所得のみの場合，給与収入が103万円）以下，かつ納税者本人の合計所得金額が900万円（所得が給与所得のみの場合，給与収入が1,095万円）以下であれば，38万円の控除を受けることができる。控除対象配偶者の年齢が70歳以上であれば老人控除対象配偶者に該当し，控除額が48万円となる。また，納税者本人の合計所得金額が900万円を超えると控除額が段階的に逓減し，1,000万円を超えると消失する。

さらに配偶者の合計所得金額が48万円を超える場合でも，133万円までは配偶者特別控除の適用を受けることができる。配偶者特別控除の控除額は配偶者の合計所得金額が増加するにつれて段階的に逓減し，納税者本人の合計所得が900万円以下の場合，最大で38万円，最低で3万円の控除額となる。配偶者控除と同様に，納税者本人の合計所得金額が900万円を超えると控除額が逓減し，合計所得金額が1,000万円を超えると消失する。

扶養控除は生計を一にする扶養親族を有し，扶養親族の合計所得金額が48万円以下であれば適用を受けることができる。控除額は扶養親族の年齢によって異なり，16歳以上19歳未満あるいは23歳以上70歳未満であれば38万円，19歳以上23歳未満であれば63万円，70歳以上であれば48万円（同居老親であれば58万円）となる。なお，2010年4月の子ども手当の創設に伴い，2011年に年齢が16歳未満の年少扶養親族に対する扶養控除は廃止された。

その他の人的控除としては，本人や親族が障害者である場合に適用できる障害者控除，夫と離別・死別した妻が一定の要件に該当した場合に適用できる寡婦控除，非婚のひとり親が受けることのできるひとり親控除，納税者が学校教育法に規定する学校の学生である場合に適用できる勤労学生控除などがある。

その他の控除は特定の支出や損失を考慮するもので，支払った社会保険料額を全額控除できる社会保険料控除，支払った医療費の金額が一定額を超えた場合に適用できる医療費控除，支払った生命保険料や地震保険料の一部を控除できる生命保険料控除，地震保険料控除などがある。なお，給与所得控除と所得控除の合計額を課税最低限といい，所得が課税最低限を下回る場合は所得税の負担は生じない。

給与所得額から各種の所得控除を差し引いた課税所得金額が所得税の課税ベース（課税標準）となり，これに図2-9の税率の表に基づいた超過累進税率

が適用されることで所得税額が算出される。

　超過累進税率とは，課税所得を複数の区分に分類し，その区分を超えた所得の部分にのみより高い税率が適用される制度のことである。たとえば，課税所得が 500 万円の場合，500 万円のうち 195 万円までの部分には 5％の税率が，195 万円から 330 万円までの部分には 10％の税率が，330 万円から 500 万円までの部分には 20％の税率が適用される。したがって，この場合の所得税額は $195 \times 5\% + (330 - 195) \times 10\% + (500 - 330) \times 20\% = 57.25$ 万円となる。

　算出された税額から税額控除を差し引いたものが最終的な所得税の納付税額となる。所得控除は所得から控除額が差し引かれることで課税所得を減少させるのに対し，税額控除は算出された所得税額から控除額が差し引かれることで，納付税額を減額させるという違いがある。

　税額控除の例として，外国で生じた所得に対してすでに外国で所得税に相当する税金が課税されている場合に，一定額の控除を受けることができる外国税額控除，特定の団体に対して一定の寄付金を支払った場合に一定額が控除される寄付金特別控除（政党等寄付金特別控除，認定 NPO 法人等寄付金特別控除，公益社団法人等寄付金特別控除），住宅を新築あるいは増改築し，ローンを組んだ場合にローンの年末残高をもととして計算した金額を一定期間控除することができる住宅借入金等特別控除などが挙げられる。なお，寄付金等特別控除の対象となる団体への寄付については，所得控除の寄附金控除の適用を受けるか，寄付金等特別控除の適用を受けるかいずれかを選択することができる。

　2013 年から 2037 年までは，東日本大震災の復興に必要となる財源を確保する目的で復興特別所得税が課されており，税額は基準所得税額（所得税額から税額控除などを差し引いた後の金額）に 2.1％を乗じたものとなる。

　それでは具体例を用いて給与所得者の所得税額を算出してみよう。ここでは，給与収入が 800 万円で，専業主婦の配偶者，17 歳の高校生の子どもと同居しており，100 万円の社会保険料を支払っている個人を想定する。単純化のために他の所得控除，税額控除，復興特別所得税は考えないものとする。

　まず給与収入から給与所得控除額を差し引くことで，給与所得を算出する。図 2-9 の給与所得控除の表を用いると，給与所得は次式で求めることができる。

$$給与所得 = 800 万円 - 800 万円 \times 0.1 + 110 = 610 万円$$

給与収入　　　給与所得控除

　次に給与所得から各種の所得控除を差し引くことで課税所得を求める。今回の場合，人的控除として基礎控除（48万円），配偶者控除（38万円），扶養控除（38万円）の適用を受けることができる。また，支払った社会保険料は全額が社会保険料控除として所得金額から控除されるため，課税所得は次式で求めることができる。

$$課税所得 = 610 万円 - (48 万円 + 38 万円 + 38 万円 + 100 万円) = 386 万円$$

給与所得　　　　　　　　　所得控除

　最後に，課税所得に超過累進税率を乗じることで所得税額を算出する。その結果，所得税の負担額は34.45万円となる。

$$所得税額 = 195 \times 5\% + (330 - 195) \times 10\% + (386 - 330) \times 20\%$$
$$= 9.75 + 13.5 + 11.2 = 34.45 万円$$

　なお，本節で解説した税制は2024年時点のものである。2024年12月にまとめられた令和7年度税制改正大綱には給与所得控除の最低控除額の引上げ（55万円→65万円），基礎控除額の引上げ（48万円→58万円），同一生計配偶者及び扶養親族の合計所得金額要件の引上げ（48万円→58万円），特定親族特別控除の創設などが明記されており，現在は税制が変更されている可能性がある。したがって，財務省や国税庁のホームページなどを参考に最新の情報を得るようにしてほしい。

▶ 2.2.3　理論：所得税の経済効果

　所得税は家計の税負担のみならず，労働供給にも影響を与える。労働所得税が課税される場合，課税前と同じ時間だけ労働すると課税後所得は減少することになるため，家計が労働意欲を失い，労働時間を減らす（余暇を増やす）効果があるだろう。一方で，労働所得税による課税後所得の減少を抑えるために，家計が労働時間を増やす（余暇を減らす）効果もあるだろう。それでは最終的

に家計の労働時間が増加するか減少するかはどのように決まるのだろうか。労働所得税が労働供給に与える影響を図 2-11 を用いて確認してみよう。

家計は利用できる総時間 H を労働時間 l と余暇時間 L に割り当てる（つまり，$H=l+L$ である）。I を所得，w を賃金率（時間あたりの賃金）とすると，家計の予算制約は以下の式で表すことができる。

$$I = wl = w(H-L) = -wL + wH$$

この家計が余暇を1時間増やしたとすると，賃金率 w だけの所得を諦めることになるため，賃金率 w は余暇の価格と考えることができる。なお簡単化のために，家計は稼いだ所得をすべて消費に費やし，貯蓄を行わず，子や孫への遺産や贈与はないものとする。

図 2-11（1）（2）は縦軸に所得（消費），横軸に余暇をとった図であり，AB が予算制約線となる。まずは図 2-11（1）から確認しよう。

家計は，所得を原資として消費を行うとともに，余暇を楽しむことで効用を得る。つまり所得が多いほど，また余暇時間が多いほど効用も高くなる。ただし，余暇を増加させると，労働時間と所得が減少するため，消費を減らさなければならない。つまり，所得（消費）と余暇はトレードオフの関係にある。

同じ効用水準を達成する所得と余暇の組合せが無差別曲線であり，図 2-11（1）では U で表すことができる。家計は予算制約のもとで効用を最大化するため，無差別曲線 U と予算制約線 AB の接点 E で，所得と労働時間 XA（余暇 XO）を選択する。

ここで政府が比例税率 t の労働所得税を新たに課したとする。このとき，家計の税引き後の手取りの賃金率は $(1-t)w$ に低下する。$H=l+L$ であることに注意すると課税後の予算制約は，

$$I = (1-t)wl = (1-t)w(H-L) = -(1-t)wL + (1-t)wH$$

となる。図 2-11（1）の AC が課税後の予算制約線にあたる。課税によって手取りの賃金率が w から $(1-t)w$ に低下するため，課税前の予算制約線 AB と比較すると，課税後の予算制約線 AC は傾きが緩やかになる。

また手取りの賃金率は余暇の価格でもあるため，他の消費財の価格が不変で

■ 図 2-11　家計の労働供給と労働所得税

(1) 労働供給が減少するケース

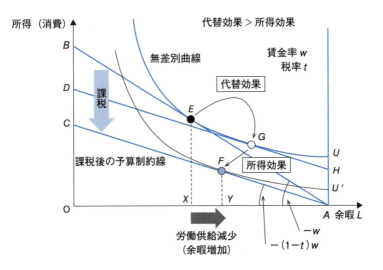

(2) 労働供給が増加するケース

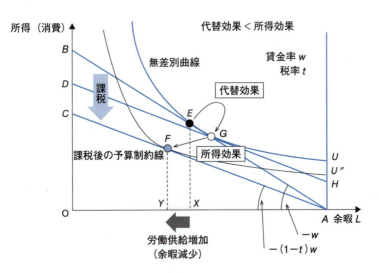

ある場合，課税によって余暇は相対的に安価になる。

　家計は課税後の予算制約線 *AC* と新たな無差別曲線 *U* との接点 *F* で，効用を最大化する所得と労働時間 *YA*（余暇 *YO*）を選択する。課税前の労働時間 *XA* と比較すると，家計は *XY* の分だけ労働供給を減少させる。

　課税前の効用最大化点 *E* 点から課税後の効用最大化点 *F* 点への変化は代替効果と所得効果に分けることができる。図 2-11（1）の *DH* は，傾きが課税後の予算制約線 *AC* と同一，つまり傾きが $-(1-t)w$ であり，課税前の無差別曲線 *U* と接するような直線である。このとき，*E* 点から *G* 点への変化が労働所得税の代替効果となる。*DH* と予算制約線 *AB* は同じ無差別曲線 *U* に接していることから，この変化は同じ効用水準のもとで，課税による賃金率の変化の影響，つまり所得（消費）に対して余暇が割安になった影響をとらえたものであり，課税前と比較して家計は余暇を増加させる（労働供給を減少させる）。

　G 点から *F* 点への変化は所得効果を表す。*DH* と予算制約線 *AC* の傾きは双方とも $-(1-t)w$ であり，切片だけが異なる。切片の差 *CD* は所得の差を表していることから，この変化は賃金率を固定して，課税による所得の減少のみをとらえた効果であり，課税前と比較して家計は余暇を減少させる（労働供給を増加させる）。

　代替効果は家計の余暇を増加させ，所得効果は家計の余暇を減少させることから，課税によって家計が労働供給を増加させるか否かは代替効果と所得効果の大小によって決まる。図 2-11（1）の場合，代替効果が所得効果を上回っており，家計は労働供給を減少させる。

　一方で，所得効果が代替効果を上回る場合もあり得る。図 2-11（2）は労働所得税の課税によって家計が労働供給を増加させるケースである。この場合，図 2-11（1）の場合と同様に，課税によって家計の効用最大化点は *E* 点から *F* 点へと変化するが，所得効果が代替効果を上回っているため，家計は課税後に *XY* だけ労働供給を増加させる。

コラム2.2　個人所得課税制度の国際比較

　日本だけでなく，多くの国において所得税は重要な財源であるものの，各国の制度には大きな違いがある。図2-12は主要国における個人所得課税の税率構造の比較を行ったものである。

■図2-12　主要国における個人所得課税の税率構造の比較

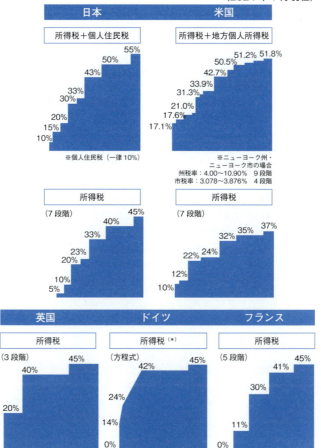

（出所）財務省ウェブサイト「主要国における個人所得課税の税率構造の比較（イメージ）」より引用。
https://www.mof.go.jp/tax_policy/summary/income/b02.htm

日本の個人所得課税の税率構造の特徴として，①国税の所得税と地方税の個人住民税が課されており税率の区分が多いこと，②所得税と個人住民税を合わせた最高税率がもっとも高い（55％）ことが挙げられる。図中では米国（ニューヨーク州・ニューヨーク市）の制度がもっとも近い制度となっている。一方で欧州の3カ国は地方政府独自の個人所得課税がなく，ドイツは特殊ではあるものの基本的に税率区分が少ないという特徴がある。

　次に下記の表 2-1 は主要国における個人所得課税の課税単位を示したものである。

■表 2-1　**主要国における課税単位**

	日本	米国	英国	ドイツ	フランス
課税単位	個人単位課税	個人単位課税 or 夫婦単位課税（二分二乗課税）	個人単位課税	個人単位課税 or 夫婦単位課税（二分二乗課税）	世帯単位課税（N分N乗方式）

（出所）財務省資料より筆者作成。

　日本や英国は納税者個々人の所得額をもとに税額を算出する個人単位課税を採用しているが，米国やドイツは夫婦単位での所得額をもとに税額を算出する夫婦単位課税を選択することもできる。また，フランスは夫婦だけでなく子どもなどの扶養親族数も考慮して税額を算出する世帯単位課税を採用している。

　このように同じ個人所得課税でも，税率や課税単位さらには控除制度にも違いがあるため，所得額が同額でも税負担額は各国で異なる。

第3章

身近な税金から考える
財政学②

3.1　法人税

▶ 3.1.1　実際：法人税の法定税率と実効税率

　所得税以外の所得課税には，個人住民税や個人事業税に加えて，本節で取り上げる法人税がある。法人税は所得課税の一種である。法人税は国税であるが，その他に法人住民税や法人事業税も，所得課税に分類される。本節では，消費税，所得税とともに，日本財政の基幹税である法人税を取り上げる。法人税は，法人の企業活動によって得られる企業所得に対して課税される税である。

　図 3-1 にあるように，国税の法人税の法定税率には，基本税率と軽減税率がある。軽減税率は，資本金 1 億円以下の普通法人（中小企業）などの所得のうち 800 万円以下の金額に適用される。したがって，基本税率は資本金 1 億円超の大企業に対して適用される法定税率である。

　図 3-1 の法人所得に課税される法定税率の推移にあるように，法人税の法定税率の基本税率は，かつては 40％を超える高い税率であったが，2010 年代以降は 20％台にまで低下した。このような法人税の税率引下げは，世界的な流れとなっており，他国でも同様に税率は引下げがなされている。

　国際的な法定税率の引下げの背景には，経済のグローバル化がある。企業活動がグローバル化することで，特に多国籍企業が税率によって活動する国を選ぶようになった。そのため，各国の政府は法人税の税率を引き下げ，企業を呼

■図 3-1　法人税の法定税率の推移

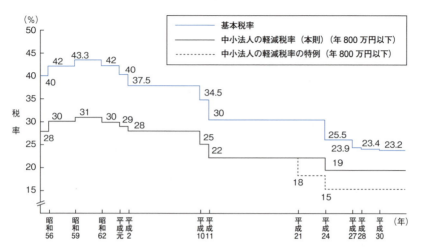

(出所) 財務省ウェブサイト「法人課税に関する基本的な資料」より引用。
https://www.mof.go.jp/tax_policy/summary/corporation/c01.htm

び込み，または企業の流出を抑制してきた。

　なお，日本の場合，法人所得に対して課税する税は，国税の法人税の他にも多数ある。それらの法人所得に対する税の法定税率を組み合わせたのが，**法人実効税率** u（**財務省型法人実効税率**とも呼ばれる）である。

$$u = \frac{\tau(1+\tau_L+\tau_R)+\tau_B(1+\tau_S)}{1+\tau_B(1+\tau_S)}$$

$$= \frac{0.232(1+0.103+0.07)+0.01(1+2.6)}{1+0.01(1+2.6)} \simeq 0.2974$$

　2024年時点の資本金1億円超の大企業の税率をもとに計算すると，法人実効税率 u は29.74％となる。なお，国税の法人税率 τ，地方法人税の税率 τ_L，法人住民税法人税割の税率 τ_R，法人事業税所得割の税率 τ_B，特別法人事業税の税率 τ_S としている。

　法人事業税は前期の税負担を当期に損金算入，すなわち，税務上の損金にで

きるため，法人実効税率では，これらを分母にもってくることで，法人実効税率が軽減される。また，地方自治体は，一部の地方税については，超過課税という増税が可能であるが，ここでの計算式では，超過課税ではなく，地方税法に規定された標準税率を用いている。

地方法人税と法人住民税法人税割は，国税の法人税の税額を課税ベースとしている。地方法人税は，地域間の税源の偏在を是正し，地方自治体の財政力格差の縮小を図るために導入された国税であり，その税収は地方自治体へ交付される地方交付税の財源となる。法人住民税法人税割は地方税であり，標準税率は都道府県が6％，市町村が1％，合計7％である。法人住民税には，法人税割の他に均等割があるが，法人所得を課税ベースとしないため，法人実効税率 u の計算式には登場しない。

法人事業税所得割は，法人所得を課税ベースとする都道府県税である。特別法人事業税は，地域間の税源の偏在を是正するために導入され，都道府県に申告納付されたのち，その税収は国に払い込まれ，特別法人事業譲与税として人口を譲与基準として都道府県に譲与される。法人事業税には，所得割の他に付

■図 3-2　法人実効税率 u の国際比較

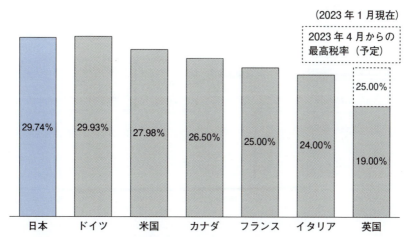

(出所) 財務省ウェブサイト「法人課税に関する基本的な資料」より引用。
https://www.mof.go.jp/tax_policy/summary/corporation/c01.htm

加価値割，資本割，収入割があるが，これらは法人所得を課税ベースとしないため，法人実効税率 u の計算式には登場しない。

法人実効税率 u は国際比較の指標としても利用される。図 3-2 は，先進国の法人実効税率 u の国際比較である。日本の法人税は，税率引下げがなされてきたものの，法人実効税率 u は国際的に高い状態にある。

▶3.1.2　制度：法人税の仕組みと考え方

図 3-3 は法人税の仕組みである。会計上の収益から費用を差し引いた会計上の税引前利益をもとに，税務上の調整として，増税要因を加算し，減税要因を減算して，法人税の課税ベースを計算する。増税要因は**損金不算入**と**益金算入**，減税要因は**損金算入**と**益金不算入**である。ここで，益金は法人税を計算するときの収益，損金は費用であり，会計上の収益と費用とは異なる。

損金不算入は，会計上は費用であるが，税務上は損金と認めないものである。

■図 3-3　法人税の仕組み

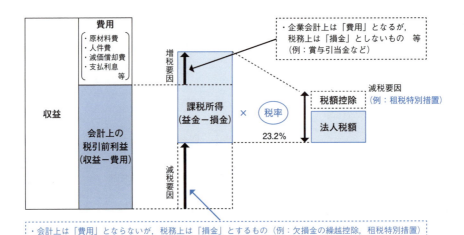

・会計上は「費用」とならないが，税務上は「損金」とするもの（例：欠損金の繰越控除，租税特別措置）
・会計上は「収益」となるが，税務上は「益金」としないもの（例：受取配当の益金不算入）

（出所）財務省ウェブサイト「法人課税に関する基本的な資料」より引用。
https://www.mof.go.jp/tax_policy/summary/corporation/c01.htm

たとえば，税務上過大な役員報酬，交際費，寄附金などがある。益金算入は，会計上は収益ではないが，税務上は益金とするものである。

　損金算入は，会計上は費用ではないが，税務上は損金とするものである。たとえば，欠損金の繰越控除や前期の事業税負担がある。益金不算入は，会計上は収益であるが，税務上は益金ではないものである。たとえば，受取配当金の益金不算入などがある。

　課税ベースとなる課税所得に税率を乗じた額から，税額控除を差し引き，法人税額を得る。この税額控除には，租税特別措置による減税要因がある。たとえば，投資税額控除がある。

　さて，法人税を考える際には，企業がどのような存在なのかについて考える必要がある。図 3-4 にあるように，企業の存在については，2 つの代表的な説がある。

　第 1 は法人実在説である。企業は株主とは別の存在（法人 = 自然人）であり，税を負担する能力（担税力）をもつと考える。株主は企業の所有者だが，経営者とは別であり，所有と経営の分離を想定している。このとき，企業は株主とは独立に法人税の納税義務を負う。

　第 2 は法人擬制説である。企業は個人株主の集合体であって，企業は個人と対等な人格をもたず，担税力も個人がもつ（法人 ≠ 自然人）と考える。企業所得は株主への配当となるが，企業所得に対する課税は，株主にとって配当所得に対する所得税の前取りという意味をもつ。

　法人擬制説のもとでは，株主が法人税が課税された税引後配当を受け取り，その配当所得に対して課税されるなら，二重課税となる。そのため，配当部分については，法人税と所得税で二重課税の調整が必要となる。所得税の配当税額控除は，二重課税の調整の仕組みである。

　図 3-3 で説明した受取配当金の益金不算入は，まさに二重課税の調整に該当する。法人擬制説の立場では，法人税と所得税の間だけでなく，法人税と法人税の間でも二重課税の調整が必要になる。たとえば，企業 B が企業 A の子会社だとしよう。企業 B の業績が好調で，企業所得から法人税を支払った後，配当を企業 A に支払うとする。企業 A は配当を受け取るが，その受取配当に法人税を課税すると二重課税になってしまう。そのため，企業と株主だけでな

■図 3-4 法人税の考え方

(1) 法人実在説

| 企業は株主とは別の存在（所有と経営の分離）で独自の担税力をもつという考え方 |

↓

| 企業は株主とは独立に法人税の納税義務を負う |

(2) 法人擬制説

| 企業は個人株主の集合体であり，担税力も個人がもつという考え方 |

↓

| 法人税は個人株主への所得税の前取り |

↓

| 配当部分について法人税と所得税の二重課税の調整が必要 |

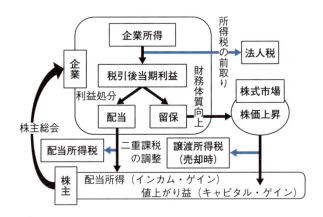

く，企業間でも**受取配当金の益金不算入**の調整が必要になる。

　図 3-4 下図には，法人擬制説のもとで，法人税がどのように企業と株主に関わるかを図示している。法人税が課税された後の税引後当期利益は，株主へ配当されるか，企業内に資金をとどめる留保などに利益処分される。この決定は株主総会によってなされる。

　配当については，二重課税の調整後，配当所得（**インカム・ゲイン**：保有で得られる収入）として株主の所得となる。一方，留保は企業の財務体質を改善するが，それを株式市場が正しく評価すれば，その企業の株価は上昇するであ

ろう。その結果，株主は株の値上がり益（**キャピタル・ゲイン**：資産価格の上昇による利得）を得ることになる。なお，株の売却益は，実現時において，譲渡所得として課税される。

▶ 3.1.3　理論①：法人税の経済効果

図 3-5 には，法人税の経済効果を図示している。図 3-5 上図は，横軸が資本ストック K，縦軸が収入，費用，利潤である。企業の事務所，工場や機械設備などの資本ストックが増加するほど，収入が増加すると想定する。ただし，他の生産要素の制約，たとえば労働や土地の制約があることから，資本ストックの増加に比べて収入の増加は鈍化すると考える。一方，費用は資本ストックと比例的に増加すると想定する。

法人税の課税前において，企業は収入と課税前費用の乖離，すなわち利潤が最大の線分 QR となるところで，課税前の資本ストックの水準 K^* を決定することが最適となる。図 3-5 下図には，上図と同じ状況を示している。上図の収入は下図では資本の限界収益曲線，上図の課税前費用は下図では**課税前資本コスト** r で表現される。

資本ストック K の増加とともに，資本の限界収益が逓減するのは，企業はもっとも収益率の高い資本ストックを優先して採用するためである。したがって，資本ストック K を増やすほど，限界収益は低下する。

一方，課税前資本コスト r は，資本ストックの経済的減耗と株主への配当にかかるコストが想定される。工場や機械設備は，時間の経過によって減耗するため，経済的減耗率以上の限界収益をもつ資本ストックを維持しなければ，企業活動は存続できない。また，少なくとも安全資産の利子率以上の配当を株主に還元しなければ，株主は他の企業や金融商品に投資を行うことで，この企業の株主であることをやめてしまうだろう。したがって，少なくとも利子率以上の配当がなければ，企業は資金を提供してもらえず，このような**資金調達コスト**も資本コストを構成する。

以上より，図 3-5 下図においても，資本の限界収益曲線と**課税前資本コスト**が交わる A 点において，課税前の最適な資本ストックの水準 K^* が決定される。このとき，$\square LAK^*O$ が企業の費用となる。

■図 3-5　法人税の経済効果

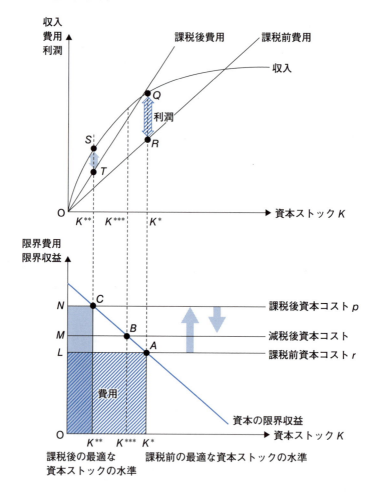

　ここに法人税が導入されたとしよう。図 3-5 上図において，課税前費用が課税後費用へシフトする。その結果，収入と課税後費用の乖離が最大となる線分 ST が利潤であり，ここで課税後の最適な資本ストックの水準 K^{**} が決定される。下図では，課税前資本コスト r が課税後資本コスト p へシフトする。その結果，課税後資本コスト p と資本の限界収益曲線が交わる C 点において，

課税後の最適な課税後資本ストック K^{**} が決定される。このとき，企業の費用は□ NCK^{**} O となる。

　したがって，法人税が課税されると，資本ストックの水準が低下する。資本ストックの水準を抑制し，高い限界収益を確保しなければ，企業は課税後資本コストを支払うことができないからである。さて，ここで法人税が減税され，課税後資本コストが減税後資本コストまで低下したとしよう。この場合，課税後の最適な資本ストックの水準 K^{***} となる。減税が行われると，企業は資本ストックを増加，すなわち設備投資を行う。したがって，法人税は最適な資本ストックの水準に影響を与えることから，減税によって企業の設備投資を刺激することになる。

▶ 3.1.4　理論②：経済学的な企業の実効税率

　図 3-2 で法人実効税率を紹介した。財務省型法人実効税率は，法定税率の組合せで表現されていた。税率だけの情報で得られる法人実効税率は，計算は簡単で国際比較も容易であるが，課税ベースが考慮されていないために，経済学的には望ましい実効税率であるとは言い難い。

　そこで本項では，税率と課税ベースを考慮した経済学的な企業の実効税率について考えたい。企業の収益から差し引くべき費用にはさまざまな項目があるが，ここでは資本ストック（固定資産）に関わる費用として減価償却費を考える。

　減価償却とは，工場施設や機械設備などの固定資産の取得に要した設備投資の費用について，その固定資産の使用や時間の経過に応じて，徐々に費用化する仕組みである。減価償却費は，費用ではあるが，実際に企業から資金が流出するわけではなく，むしろ資金を蓄積するための仕組みである。つまり，費用化することで，その固定資産が使えなくなったときに，新しい固定資産を取得できるように，資金を蓄積して，企業を存続させることに意味がある。

　図 3-6 には，代表的な減価償却の方法のイメージが示されている。日本では，建物と構築物については定額法，機械装置や車両運搬具または器具備品については，定額法または定率法，無形固定資産は定額法を適用することになる。

　定額法とは，固定資産ごとに定められた法定耐用年数に応じて一定金額を減

■図 3-6　代表的な減価償却の方法

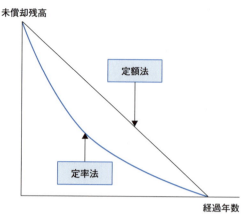

（出所）財務省ウェブサイト「法人税の益金・損金の計算に関する資料」より引用。
https://www.mof.go.jp/tax_policy/summary/corporation/c02.htm

価償却費とし，未償却残高を減らしていく方法である。一方，定率法とは，固定資産ごとに定められた償却率を未償却残高に乗じることで減価償却費とする方法である。図 3-7 にあるように，定額法よりも定率法のほうが，早く償却が進むことになるため，企業にとっては早めに資金を蓄積できる。

さまざまな費用があるが，ここでは減価償却費だけを想定して，経済学的な実効税率を考察しよう。図 3-7 の横軸にあるように，現在を基準として，企業の資本ストックを時間軸で過去と将来に分けることができる。

第 1 に，現時点の企業がもつ資本ストックは，過去の蓄積によって形成されたものであり，その資本ストックから得られる利潤は過去の資本ストックから得られている。過去の資本ストックをもつのは既存株主である。図 3-7 において，過去の資本ストックから得られる利潤は，□($A+B+C+D+E$) で表現される。

第 2 に，この企業が将来的に獲得する資本ストックから得られる利潤は，これからの設備投資によって得られるものである。この設備投資による新しい資本ストックは，新規株主によって所有され，利潤を生み出す。図 3-7 におい

■図 3-7　経済学的な企業の実効税率

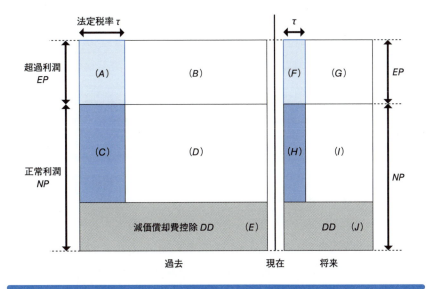

て，将来の資本ストックから得られる利潤は，□$(F+G+H+I+J)$ で表現される。

　企業の利潤は，**正常利潤**と**超過利潤**に分けることができる。正常利潤は企業が存続するために必要な利潤であり，超過利潤は正常利潤を超える利潤である。図 3-7 において，過去の超過利潤は□$(A+B)$ で正常利潤は□$(C+D+E)$，将来の超過利潤は□$(F+G)$ で正常利潤は□$(H+I+J)$ である。

　企業にとって，将来の資本ストックを形成する設備投資は，企業の存続にとって重要であるから，以下では将来の実効税率に着目しよう。法人税の法定税率 τ とし，利潤から減価償却費控除 DD を差し引くことで課税ベースが得られるとすれば，以下の2つの経済学的な企業の実効税率を得ることができる。

$$平均実効税率 = \frac{F+H}{F+G+H+I+J} = \frac{\tau(EP+NP-DD)}{EP+NP}$$

$$限界実効税率 = \frac{H}{H+I+J} = \frac{\tau(NP-DD)}{NP}$$

限界実効税率は正常利潤のみへの実効税率だが，平均実効税率は超過利潤と正常利潤への実効税率である。図 3-5 でいえば，

$$限界実効税率 = \frac{課税後資本コスト p - 課税前資本コスト r}{課税前資本コスト r}$$

となる。したがって，限界実効税率は，最適な資本ストックの水準に影響を与える。一方，平均実効税率は，どの国や地域に工場施設や機械設備を設置するかという，企業の立地選択に影響を与える。

　平均実効税率と限界実効税率は，企業の立地選択や資本ストックの水準といった新しい設備投資に影響を与える実効税率であることから，政策的に注目されている。OECD（経済協力開発機構）などでは各国の実効税率が計算され，公表されている。

3.2　税とは何か

▶ 3.2.1　実際①：なぜ税が必要か

　これまで，第 2 章と本章「身近な税金から考える財政学」では，消費税，所得税，法人税といった基幹税について学んできた。本項では，なぜ税が必要なのかについて考えてみる。私たちの日常生活において，税は当然に存在する制度になっており，その存在意義について考える機会は少ないかもしれない。しかしながら，財政において税は，非常に重要な役割をもっている。

　第 1 章「政府の借金から考える財政学」では，公債について学んだ。政府が借金である公債を発行せざるを得ないのは，公共サービスである歳出に比べて税収が足りないからである。その税収をもたらしているのが，第 2 章と本章で学んだ税である。すなわち，税の役割の一つは，公共サービスの財源調達である。公

共サービスについては第4章「身近な公共サービスから考える財政学」で学ぶ。

　現代財政においては，政府による公共サービスの提供は重視されており，その財源として税や公債発行が位置づけられる。歴史上，市民革命が起こる以前の前近代国家では，国王の王室財政を豊かにすることが重視され，公共サービスよりも税が重要であった。市民革命を経て成立した近代民主主義国家以降の社会では，公共サービスが特に重視されるようになった。これは，政府が供給する公共サービスの便益に応じる形で，国民が税を負担するという利益説の考え方である。

　利益説の背景には，イギリスで発展した社会契約説に基づく国家観がある。社会契約説では，国家は国民の契約によって成立し，国家は国民一人ひとりからなる共同体となる。国家が支出する公共サービスは，国民に便益をもたらすから，その対価を税として負担する。

　また税には，公共サービスの財源調達とは別の役割もある。市場経済においては，稼得能力の高い人は所得が高くなり，稼得能力が低い人は所得が低くなる。もともと資産を持っている人の所得は高くなり，ますます資産を増やすことができるが，資産を持っていない人はそうはならない。このように，市場経済に委ねると，所得と資産の不平等が生じることになる。

　ある程度の社会の不平等は，家計や企業の意欲を引き出すために必要ではあるが，極端な不平等は社会を不安定にする。歴史をひもとけば，社会の不平等化による国民の暴動が国家を転覆させた例は多い。市場経済には，社会の不平等化を是正する力がない。そこで，税を用いて不平等を是正することが，税の役割の一つになる。

　このとき，公共サービスの便益とは無関係に，政府が個人の税の支払い能力（担税力）に応じた税を課す考え方を能力説と呼ぶ。たとえば，支払い能力の低い個人は低い税負担，支払い能力の高い個人は高い税負担となる。能力説に基づけば，所得や資産が大きくなれば，適用される税率が高くなる累進税が正当化される。通常は，個人の所得や資産または消費が，支払い能力を表現すると考えられる。

　能力説の背景には，ドイツで発展した国家有機体説に基づく国家観がある。国家有機体説では，国家は国民の集合体ではなく，国民を超越した機能をもつ。

この場合，国家という共同体を維持するため，国民は公共サービスの便益にかかわらず，納税の義務を負う。

▶ 3.2.2　実際②：租税原則

　政府が税を課す場合，どのような税でも課すことができるわけではない。税を課す際の原則が租税原則であり，あるべき税のあり方が伝統的に示されてきた。

　経済学の祖でもあるイギリスのアダム・スミス（Adam Smith）は，アダム・スミスの4原則を18世紀に提示した。①公平性，②確実性，③便宜性，④最小徴税費の4原則である。

　その後，ドイツのアドルフ・ワグナー（Adolf Wagner）は，アドルフ・ワグナーの9原則を19世紀に提示した。これは，（1）財政政策上の諸原則として①課税の十分性と②課税の可動性，（2）国民経済上の諸原則として③正しい税源の選択と④租税の作用（転嫁）を考慮した税源の選択，（3）公正の諸原則として⑤課税の普遍性と⑥課税の平等性，（4）税務行政の諸原則として⑦課税の明確性，⑧納税の便宜性，⑨最小徴税費の努力である。

　以上の伝統的な租税原則は，現代の租税の3原則に受け継がれている。これらについて説明しよう。

　第1は中立の原則である。中立の原則は，税が家計や企業などの経済主体の経済活動を歪めないことを要請する。第2は公平の原則である。公平の原則は多義的であり，利益説と能力説の観点から考えることができる。たとえば，公共サービスの便益に応じた税を求める負担の公平も，公平の原則に属する。また，所得や資産が不平等だと社会的に判断される場合に，税によって不平等の是正を求めることも公平の原則である。第3は簡素の原則である。税を簡素にすることで，税務当局の徴税費と納税者の納税協力費を最小にする。

▶ 3.2.3　実際③：垂直的公平と水平的公平

　能力説に従って，所得が税の支払い能力（担税力）を意味すると考える。「等しい人の等しい取り扱い」（異なる人は異なる取り扱い）という観点から，公平には垂直的公平と水平的公平がある。図3-8を参照されたい。

第1に，垂直的公平によれば，高所得者には相対的に大きな税負担を課し，低所得者には相対的に小さな税負担を課すことになる。所得税や相続税などの累進税が，そのような超過累進の税率構造をとっている。多くの場合，低所得者の税負担はゼロになる。

どの程度の高所得者にどの程度の高い税率を適用し，どの程度の低所得者にどの程度の低い税率を適用すべきかを決めることは難しい。どの程度の不平等を社会が許容するかによって，所得税や相続税などの税率構造が異なってくる。ある社会が不平等を許容できない場合は，累進度の高い税率構造が選ばれ，逆に不平等を許容できる場合は，累進度の低い税率構造が選ばれる。そのため，

■図 3-8　垂直的公平と水平的公平

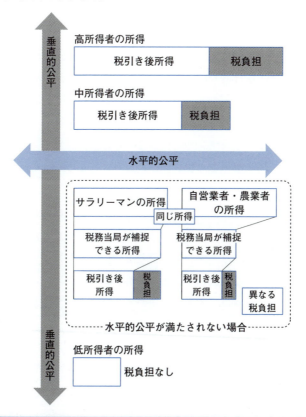

垂直的公平は，1つの望ましい税を提示できるわけではない。国によっても異なり，時代によっても異なる。民主主義国家の場合は，政治的プロセスによって，税率構造が選ばれることになる。

第2に，水平的公平によれば，どのような職業に就いていたとしても，同じ所得であれば，同じ税負担でなければならない。仮に所得が同じでも，職業間で異なる税負担であれば，水平的公平は満たされず，不公平が存在することになる。

日本では，サラリーマンの所得は，企業などが源泉徴収と年末調整によって，本人に代わって税務当局に申告することが多い。そのため，税務当局は，サラリーマンの所得を捕捉している。しかしながら，自営業者や農業者の所得については，税務当局が捕捉しにくいといわれている。たとえば，営業用の自動車を自宅用に乗ったり，田畑で採れた農作物を自宅で消費したりすれば，税務当局が捕捉できない所得が発生することになる。

クロヨン（9・6・4）とは，サラリーマン（9割），自営業者（6割），農業者（4割）のそれぞれの所得のうち，税務当局が捕捉できる所得の割合を指しているといわれている。トーゴーサンピン（10・5・3・1）とは，サラリーマン（10割），自営業者（5割），農業者（3割），政治家（1割）とされる。これらが正しいならば，サラリーマンの所得はほとんど捕捉されているが，他の業種の捕捉率は低く，同じ所得でも税負担が異なってしまう。この状況が存在するならば，水平的公平は達成されていないことになる。

クロヨンは，自営業者や農業者に対して厳しい言葉ではあるが，サラリーマンがそれだけ損をしているかといえば，そうでもないかもしれない。たとえば，特に大企業に勤めるサラリーマンは，借り上げ住宅などに安い賃貸料で住めることがある。このような福利厚生による利益をフリンジ・ベネフィットと呼ぶ。フリンジ・ベネフィットは，本来は所得であるはずなので課税すべきだが，技術的に難しい。

▶ 3.2.4　実際④：包括的所得税と支出税

能力説では，支払い能力に応じた税負担が求められる。このとき，課税の対象となる課税ベースを確定するために，支払い能力を客観的に知る指標が必要

■ 図 3-9 包括的所得税と支出税

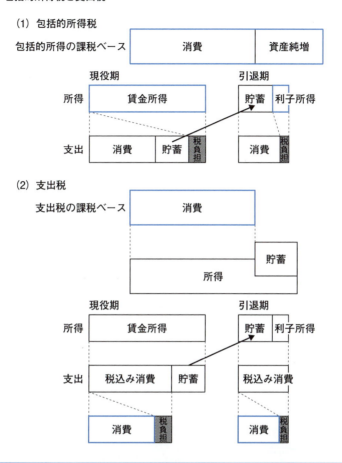

となる。一つの代表的な課税ベースの考え方が所得であり、いま一つは支出である。図 3-9 を参照されたい。

第1に、サイモンズ（H. C. Simons）が提唱した**包括的所得**の概念がある。包括的所得とは、消費に資産純増を加えた所得として定義される。このとき、消費の源泉となるあらゆる所得を課税ベースに含める**包括的所得税**が、理念的な税として登場する。多くの国の現実の所得税は、包括的所得税をベースにつくられている。

家計の一生が現役期と引退期に分けられるとする。現役期の賃金所得には包括的所得税が課税される。賃金所得から税負担と消費を除く貯蓄が，引退期に利子所得を生む。資産純増である引退期の利子所得にも包括的所得税が課税される。

利子所得は貯蓄が源泉であるが，その貯蓄は賃金所得が源泉である。賃金所得には包括的所得税が現役期にすでに課税されているから，利子所得への引退期の課税は**二重課税**となっている。包括的所得税には，利子の二重課税を回避できないという問題がある。

第2に，支出を課税ベースとするのが**支出税**である。支出税の課税ベースは，所得から貯蓄を差し引いた消費となる。現役期の賃金所得から貯蓄を差し引いた消費に課税する。引退期は，貯蓄と利子所得によって賄われる消費に課税することになる。

支出税は，課税ベースから貯蓄を差し引くことができるため，包括的所得税が抱える利子の二重課税の問題を回避している。支出税は包括的所得税に比べて貯蓄を優遇しているため，支出税のもとでは企業が借り入れできる資金が増え，工場施設や機械設備といった資本ストックの蓄積が促される。

また，所得は変動所得と恒常所得に分けられるが，プロ野球選手のように，若い時期の変動所得が大きい家計もいる。包括的所得税が累進課税であれば，その変動所得は重課されるだろう。しかし，支出税ならば消費に課税するので，負担は平準化される。生涯所得が同じ家計でも，変動所得によっては包括的所得税と支出税に税負担の違いが出てしまう。

一見すると，支出税は包括的所得税よりも優れているように思われるかもしれない。しかし，過去に支出税を採用した国はインドとスリランカのみで，しかも数年で廃止した。支出税は消費が課税ベースであり，家計は1年間の消費を申告する必要があったが，消費の把握が非常に困難であった。ただし，所得を課税ベースとしても，捕捉の問題は起こる。包括的所得税も支出税も似た問題を抱えているといえよう。

▶ 3.2.5　制度：日本の税制

租税原則は，中立，公平，簡素を求めており，租税原則を無視して税をつく

ることはできない。

その昔，18世紀から19世紀のヨーロッパ（イギリス，フランス，アイルランド）には，窓税という税があった。窓税は，家の窓の数に基づいて課税する固定資産税であった。窓の数が多い家は裕福だと考えられ，窓税は公平の原則を重視した税であったと考えられる。ところが，税を避けるために，窓をレンガで埋めるなどの事例が頻発した。すなわち，窓税は中立の原則を度外視した税であった。

窓税の事例は極端ではあるが，租税の3原則を1つの税制で達成することは困難である。特に，中立の原則と公平の原則の両立，効率性を目指しながらの垂直的公平や公正な社会の実現は難しい。

たとえば，所得税について，高所得者に高い税率を課税することは，社会の不平等化を抑制し，公正な社会を目指すため，公平の原則の観点からは望ましいと思われるかもしれない。しかしながら，高い税率によって高所得者の労働意欲が減退すれば，中立の原則を損ねてしまい，社会の生産性が低下し，国民所得も減ってしまう。経済学には効率性と公正性にトレードオフ（二律背反）があることが知られているが，所得税の税率設定は，トレードオフの事例である。

このように，1つの税制だけで，一国の税制を構成することは難しい。そのため，複数の税を組み合わせるタックス・ミックスが重要になる。中立の原則を目指す税，公平の原則を目指す税，それらを組み合わせることになる。ただし，あまりに税が複雑になると，簡素の原則を満たすことができなくなるため，注意が必要である。

表3-1には，日本の国税・地方税の税目と内訳が示されている。租税の3原則の観点から，日本の税目について考えてみよう。公平の原則のうちの垂直的公平や公正な社会の実現を目指す税は，超過累進の税率構造をもつことになるが，それらは所得税と相続税が挙げられる。所得税は所得課税，相続税は資産課税であり，双方とも国税である。地方税に，超過累進の税率構造をもつ税は存在しない。そのため，所得や資産の不平等を是正する目的をもつ税は，国税に割り当てられていることがわかる。

地方法人税や地方法人特別税は，名称に地方とあるが，地方税ではなく国税

■表 3-1　日本の国税・地方税の税目と内訳

	国税	地方税			国税	地方税
所得課税	所得税 法人税 地方法人税 特別法人事業税 復興特別所得税 森林環境税	住民税 事業税		消費課税	消費税 酒税 たばこ税 たばこ特別税 揮発油税 地方揮発油税 石油ガス税 航空機燃料税 石油石炭税 電源開発促進税 自動車重量税 国際観光旅客税 関税 とん税 特別とん税	地方消費税 地方たばこ税 ゴルフ場利用税 軽油引取税 自動車税（環境 　性能割・種別 　割） 軽自動車税 　（環境性能 　割・種別割） 鉱区税 狩猟税 鉱産税 入湯税
資産課税等	相続税・贈与税 登録免許税 印紙税	不動産取得税 固定資産税 特別土地保有税 法定外普通税 事業所税 都市計画税 水利地益税 共同施設税 宅地開発税 国民健康保険税 法定外目的税				

（出所）財務省ウェブサイト「税の種類に関する資料」より引用。
https://www.mof.go.jp/tax_policy/summary/condition/a01.htm

である。地方税としても，法人に対して住民税や事業税が課税されているが，地方自治体間の税収の偏在が問題になっている。その理由は，都市部に企業が集中するためである。そこで，地方法人税や地方法人特別税のような国税を創設し，その税収を地方自治体に配分することで，地方自治体間の税収の偏在を是正している。このように，個人間の所得の不平等だけでなく，地域間の所得の不平等も，税が対応している。地域間所得再分配については第5章「国と地方の関係から考える財政学」でも学ぶ。

▶ 3.2.6　理論①：累進税と逆進税

　これまで，超過累進の税率構造をもつ税について述べることがあったが，累進税または逆進税はどのように定義されるのかについては述べていなかった。本項では累進税と逆進税の区別について説明する。

　課税ベースとして所得を想定する。所得 Y に依存して，税負担 T が決まる

■図 3-10　平均税率と限界税率

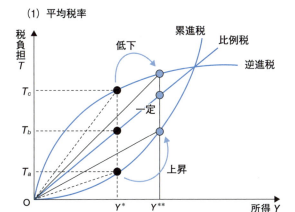

(1) 平均税率

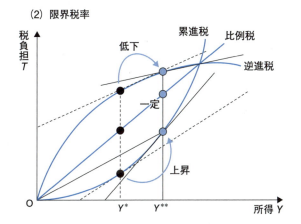

(2) 限界税率

所得 Y の増加による動き	累進税	比例税	逆進税
平均税率 T/Y	上昇	一定	低下

とする。図 3-10 のように，代表的な税率の概念は 2 種類ある。

第 1 に，**平均税率**は，所得 Y に対する税負担 T の割合（$=T/Y$）で得られる。横軸で所得 Y^* のとき，縦軸で税負担 T_b であれば，平均税率 T_b/Y^* となる。もっとも単純な**比例税**の場合，所得 Y^{**} に増えても平均税率は変わらな

い。比例税は平均税率が一定となる。

図 3-10 の累進税において，所得 Y^* ならば税負担 T_a であるから，平均税率 T_a/Y^* となる。所得が Y^{**} に増えるとき，平均税率は上昇する。逆に，図 3-10 では，所得 Y^* のとき，税負担 T_c なので，平均税率 T_c/Y^* であるが，逆進税では所得が増えるときに平均税率が低下する。

したがって，ある税が累進税か逆進税なのかは平均税率によって判断する。すなわち，所得が増加したときに平均税率が上昇するならば累進税であり，平均税率が一定ならば比例税であり，平均税率が低下するならば逆進税である。

第 2 に，平均税率とは異なる概念の税率で，経済学的に重要な税率に**限界税率**がある。限界税率は，所得のわずかな変化 $\triangle Y$ に対する税負担のわずかな変化 $\triangle T$ の割合（$=\triangle T/\triangle Y$）で得られる。図 3-10 の所得に対する税負担の曲線の傾きが，限界税率そのものである。

比例税の場合，所得 Y^* でも Y^{**} でも傾きは変わらないので，限界税率は一定となる。図 3-10 の累進税の場合，所得 Y^* のときよりも所得 Y^{**} に増えたときに限界税率は上昇する。一方，図 3-10 の逆進税の場合は，所得の増加によって限界税率は低下する。図 3-10 では，所得の動きと平均税率と限界税率の動きは同じではあるが，累進税，比例税，逆進税の判断は，平均税率によって行われるので注意したい。

限界税率は，経済主体の経済活動にとって重要な概念であり，とりわけ中立の原則に関わっている。もし，所得税の限界税率がきわめて高いなら，家計は追加的に働いて所得を得ようとしないかもしれない。労働所得税の限界税率は，家計の労働意欲に影響を与えると考えられる。

▶ 3.2.7　理論②：労働所得税と消費税

累進税と逆進税を区別できるようになったところで，代表的な税である労働所得税と消費税がどちらの性質をもっているか，図 3-11 で考えてみる。

第 1 は労働所得税である。現実の労働所得税は，課税最低限に至る所得までは課税されない。横軸において課税最低限を超える所得 Y になれば，縦軸で税負担 T が発生する。労働所得税の税率構造は超過累進構造になっている。

したがって，限界税率は課税最低限の所得まではゼロであるが，税負担が正

■図 3-11 労働所得税と消費税

(1) 労働所得税は累進税

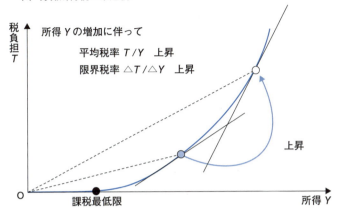

(2) 消費税は逆進税

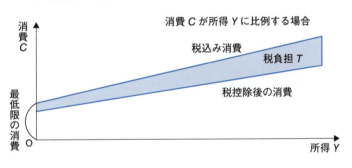

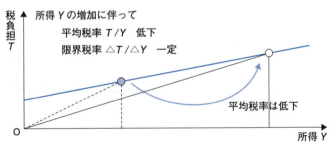

になれば，所得が増えるとともに限界税率は上昇する。平均税率も，課税最低限の所得まではゼロだが，それ以上の所得になれば平均税率は上昇する。平均税率が所得の増加に対して上昇するので，労働所得税は累進税である。

図 3-11（1）は所得に対して税率が上昇するように描かれているが，実は税率が一定でも課税最低限があれば，累進税になる。課税最低限 D，税率 t としたとき，所得税の租税関数 T と平均税率 T/Y は以下のようになる。

$$T = t(Y-D) = tY - tD$$
$$\frac{T}{Y} = t - \frac{tD}{Y}$$

$t>0$ ならびに $tD>0$ であるから，所得 Y が増加するとき，tD/Y が小さくなり，平均税率 T/Y は増加することが確認できる。したがって，税率 t が一定でも課税最低限があれば累進税となる。

第2は消費税である。図 3-11（2）において，横軸の所得がゼロのときでも，生存するための最低限の消費 α（>0）が必要だとして，横軸の所得 Y が増えれば，限界消費性向 β だけ，縦軸の消費 C も単純に増えると想定しよう。すなわち，消費税率 t として，税込消費関数は以下のようになる。

$$C = \alpha(1+t) + \beta(1+t)Y = \alpha + t\alpha + \beta Y + \beta tY = \alpha + \beta Y + T$$

上記のように整理すれば，消費税の租税 T と平均税率 T/Y は以下のようになる。

$$T = t\alpha + \beta tY$$
$$\frac{T}{Y} = \frac{t\alpha}{Y} + \beta t$$

このようにすれば，横軸に所得 Y として縦軸を税負担 T として，図 3-11 に所得 Y と税負担 T の関係を示すことができる。$t\alpha>0$ であるから，所得 Y の増加に伴って，$t\alpha/Y$ が小さくなり，平均税率 T/Y が低下するため，消費税は逆進税であることがわかる。

第4章

身近な公共サービスから考える財政学

4.1 教 育

▶ 4.1.1 実際：さまざまな公共サービスへの経費

第1章「政府の借金から考える財政学」で政府の借金，第2章と第3章「身近な税金から考える財政学」で税金について学んだ。なぜ政府の借金が増えるのかは，税金だけでなく，公共サービスにも原因がある。なぜなら，政府の公共サービスへの経費が税収を超えてしまえば，借金を増やさざるを得ないからである。

そもそも公共サービスは，社会にとって必要だから，政府が供給しているはずである。図4-1 には，国と地方自治体を合わせた歳出の目的別歳出構成比の推移が示されている。構成比であるから，どのような目的をもつ経費で支出されているか，その割合の推移を示している。

1番目に割合の大きい経費が社会保障関係費である。社会保障関係費とは，年金，医療，介護，少子化対策，生活扶助など社会福祉，保健衛生対策，雇用労災対策など社会保障にかかる経費である。社会保障関係費の割合が増大している背景には高齢化の進展がある。

2番目に割合の大きい経費は公債費である。公債費は，過去の政府の借金の返済にかかる債務償還費と利払費に分けられる。ここでの公債費は，国・地方を含むため，国債と地方債を合わせた公債費である。

■図 4-1　国・地方を通じた目的別歳出構成比の推移

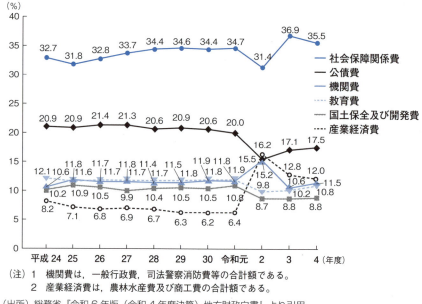

（注）1　機関費は，一般行政費，司法警察消防費等の合計額である。
　　　2　産業経済費は，農林水産業費及び商工費の合計額である。
（出所）総務省『令和6年版（令和4年度決算）地方財政白書』より引用。
https://www.soumu.go.jp/menu_seisaku/hakusyo/index.html

　その他の経費には，産業経済費，機関費，**教育費**，国土保全及び開発費がある。産業経済費は，産業政策や経済政策にかかる経費である。機関費とは，司法，警察，消防，一般行政経費などの合計である。教育費は，文字通り，教育にかかる経費である。国土保全及び開発費は，主に公共事業にかかる経費である。2020（令和2）年度の産業経済費の構成比が跳ね上がっているのは，新型コロナウイルス感染症の拡大に伴う対応があったためである。

　日本財政の公共サービスは，以上のような目的をもつ経費として支出されているが，本章では身近な公共サービスとして，教育と社会保障を取り上げる。まずは，教育を検討して財政学を学ぶ。最大の支出項目である社会保障については，次のトピックで取り上げる。

　教育を取り上げる理由は，財政学を学ぶ学生（主に大学生）にとって，身近な公共サービスであるからである。小学校から大学（大学院）に至るまで，学

校や保護者には，国と地方自治体から教育費が支出されている。それが**教育財政**の仕組みである。

▶ 4.1.2　制度：教育財政の仕組み

　教育財政の仕組みについて考えるために，年齢別にサービスを分けて考える。なお，すべての教育サービスを取り上げることはせず，主な仕組みを紹介する。また，地方自治体によっては独自の教育への補助金を設定していることもあるが，それらは捨象する。

　第1に，幼稚園について，幼児教育は2019年10月より無償化となった。保護者への経済的支援に加えて，幼稚園の運営や施設整備にかかる支出として，国，都道府県，市町村からの補助金が入っている。これは，公立幼稚園でも私立幼稚園，そして認定こども園でも同様である。

　第2に，義務教育である小学校と中学校については，国から義務教育に対する補助金，無償給付となる教科書の購入費，都道府県と市町村からの補助金が支出されている。たとえば，公立義務教育学校の教職員の給与費の場合，3分の1は国の負担（**国庫負担**），残り3分の2は都道府県の負担となっている。国庫負担については第6章「国と地方の関係から考える財政学」で学ぶ。

　また，保護者への経済的支援（学用品，学校給食，修学旅行など）として，就学援助が実施されている。私立小中学校についても，国や地方自治体から補助が行われている。

　第3に，高等学校については，都道府県立学校には都道府県，市町村立学校には市町村が，運営や施設整備に支出している。国は，特別なプログラムを提供する学校に対して補助をしている。私立高等学校にも，国や都道府県から助成金が支出されている。生徒への経済的支援については，国や都道府県が，支援金や奨学金を準備している。

　第4は大学についてである。国立大学の運営と施設整備については，国が大学に対して資金を交付，補助している。公立大学については，国から**地方交付税**と呼ばれる資金が手当てされ，地方自治体からの支出も合わせて，運営と施設整備に充てられる。地方交付税についても，第6章「国と地方の関係から考える財政学」で学ぶ。私立大学にも，国から補助金が支出されている。

以上のように，日本で幼稚園，小学校，中学校，高等学校，大学まで過ごした人は，その人が国公立の学校に在籍していたとしても，私立の学校に在籍していたとしても，必ず国や地方自治体の教育サービスを受けてきたことになる。

それでは，教育については，なぜこのような手厚い公共サービスを国民が受けられるようになっているのだろうか。日本国憲法で教育は三大義務の一つだから，では答えになっていない。もっと根本的に，なぜ教育が公共サービスなのかを検討する必要がある。多くの国においても，教育は無償化されており，大学教育が無償化されている国もある。

そもそも教育サービスは，国や地方自治体が資金を出さなければ，提供できないサービスではない。民間の企業などでも提供できるサービスである。実際，学習塾は私的なサービスとして，教育サービスを供給している。その教育サービスを購入する児童・生徒・学生の保護者も多い。ほとんどの場合，そのような学習塾に，国や地方自治体からの補助金は入っていない。

▶ 4.1.3　理論①：公共財としての教育

それでは，どのような財・サービスが公共サービスになるかについて，検討してみよう。ここで，公共財という概念を導入する。公共財とは，家計や企業が共同で消費や利用する財・サービスのことである。公共財には，次の2つの性質があると考えられる。

第1は非競合性である。非競合性は，Aさんが消費しても，Bさんが消費できるような性質である。たとえばAさんが，ある一般道路を歩き，Bさんも同じ一般道路を利用できる状況は，一般道路は競合せず，非競合である。反対に競合性とは，ある財を誰かが消費すれば，他の人がその財を消費できない性質を意味する。Aさんがたこ焼きを食べると，Bさんは，そのたこ焼きを食べることができない。これが競合性である。

第2は非排除性である。非排除性は，対価を払わなくても，誰でも利用できる財・サービスの性質である。たとえば公園は，利用料金を払わなくても利用できる場合が多い。反対に排除性とは，対価を出した人以外は，消費できない性質を意味する。Aさんが料金所で料金を支払い，ある高速道路を利用する一方，Bさんは料金を支払っていないため，その高速道路を利用できない。これ

■図 4-2　非競合性と非排除性による財・サービスの分類

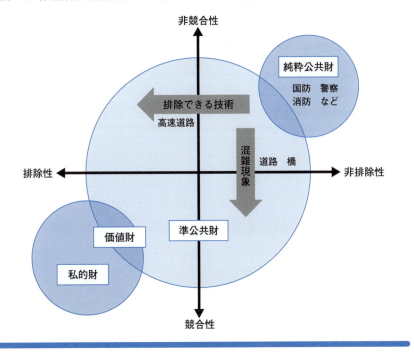

が排除性である。

　図 4-2 には，非競合性と非排除性による財・サービスの分類を図示した。横軸が排除性（左）—非排除性（右），縦軸が非競合性（上）—競合性（下）の軸である。

　非競合性と非排除性をもつ財・サービスが純粋公共財である。たとえば，国防，警察，消防などが該当する。非競合性をもつものの，非排除性はもたない，または，逆に非排除性はもつものの，非競合性はもたない財・サービスも多く，これらは準公共財である。

　一般道路は通常は純粋公共財であるが，高速道路の料金所のように排除できる技術によって排除性が確保できれば，準公共財となる。また，空いている一般道路が渋滞する場合は，ある人の消費（利用）が，他の人の消費（利用）を妨げる混雑現象によって競合することがある。この場合も準公共財となる。

公共財とは真逆に，一般的に競合性と排除性をもつ財・サービスは私的財である。私的財は，主に民間の企業などが供給するが，政府も私的財を供給しないわけではない。私的財でも，政府が供給することに価値を見出した場合は価値財として供給する。教育や医療は，民間の企業でも供給できるが，政府が供給に関わることがあり，価値財の一種である。

また，麻薬などは消費による社会的な弊害が大きいと判断されるため，負の価値財として禁止される。酒やたばこに税が課され，消費が抑制されているのは，これらも負の価値と解釈できる。

公共財だから政府のような公共部門が必ず供給しているわけではないことに注意すべきである。民間の企業でも，公共財を供給することがある。環境問題に取り組む企業などは，その一形態である。企業などの民間部門が公共財の生産を行うことは多い。生産に必要な費用の財源も，公共部門による負担，すなわち税金が必ずしも使われているわけではない。民間部門による料金によって，公共財の生産のための財源が確保されていることもある。そのため，公共財の生産と負担を区別することは重要である。

そこで，図4-3には，生産と負担による財・サービスの分類を示した。財・サービスを誰が生産し，誰がその生産に必要な費用を負担しているかによって，財・サービスを分類している。横軸は民間部門による生産（左）―公共部門による生産（右）という生産の軸，縦軸は公共部門による負担（上）―民間部門による負担（下）の軸である。

国防，警察，消防といった純粋公共財は，公共部門の公務員が公共サービスを生産して供給している直営方式である。生産のための費用の負担は国民の税金である（図4-3右上）。ただし，すべての公共財が，このような生産と負担の形態をとっているわけではない。公共事業で道路を舗装しているのは民間の建設会社である。ゴミ収集サービスは民間の企業が行っていることが多い。これらのように，生産は民間の企業が行うが，その資金は国民の税金から支出されることがある（図4-3左上）。これは民間委託方式である。

公共部門の公務員が財・サービスを生産するが，負担は家計や企業といった民間から直接，料金などで収集できる場合がある（図4-3右下）。たとえば，上下水道や地下鉄である。地下鉄については，地方自治体による運営から離れ，

■図 4-3 生産と負担による財・サービスの分類

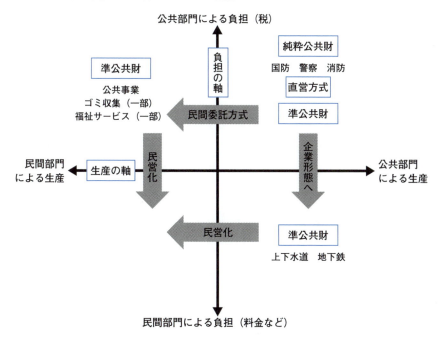

民営化をする場合もある（図 4-3 左下）。

　以上を踏まえると，教育サービスは，民間部門による生産と負担で行うことも可能な財・サービスである。学習塾がその形態である。その一方で，義務教育の小中学校のように，公務員による公共部門による生産と，公共部門による負担という準公共財の形もある。また，公共部門が負担し，民間の教育に関わる企業に補助をすることで，教育サービスを提供する民間委託も可能である。

4.1.4　理論②：教育の外部性

　教育を公共サービスとして政府が提供する理由に，教育が外部性をもつことがある。外部性には，金銭的外部性と技術的外部性があり，教育は技術的外部性に相当する。

金銭的外部性とは，何らかの影響が市場を経て，関係する経済主体に影響をもたらす場合である。たとえば，ある地域に新しい駅が建設されたとしよう。新駅によって，その周辺は活性化し，土地市場に影響を与え，地価が上昇する。また，近隣地域の住民の所得や資産の価値に影響を与える。このような外部性は，影響が市場によって評価されていることから，特段の対応は必要ない。

一方，技術的外部性とは，何らかの影響が市場を経ずに，関係する経済主体に影響をもたらす場合である。たとえば，河川の上流にある工場が汚水を垂れ流し，下流の田畑をもつ農家の作物に悪影響をもたらす場合である。この場合は，工場の影響は市場を経ておらず，影響が市場によって評価されていない。こういった場合，市場は失敗するため，何らかの対応が必要になる。

一般に外部性とは技術的外部性のことを指す。表 4-1 には，外部性の具体例と分類を示した。分類としては，影響を与える主体と影響を受ける主体に分けられる。また，外部性には正の外部性と負の外部性がある。正の外部性は影響を与える主体に良い影響をもたらす外部性であり，負の外部性は悪い影響をもたらす外部性である。

表 4-1 にある通り，分類Ⅰは家計から家計への外部性，分類Ⅱは家計から企業への外部性，分類Ⅲは企業から家計への外部性，分類Ⅳは企業から企業への外部性である。負の外部性には公害などの環境破壊による影響が多い。

教育は，分類Ⅰの家計から家計，分類Ⅱの家計から企業への正の外部性に分類される。ある学生（家計）の学力が高まれば，他の学生（家計）の学力に良い影響をもたらすことがある。お互いに，切磋琢磨して学力を高め合うからである。

また，ある学生（家計）の学力が高まれば，その学生をアルバイトや社員として採用する企業にとっては，訓練の必要がなくなる。他の会社との営業においても，一定の学力を前提とすることで，企業活動がスムーズになる。読み書き計算など，ある程度の学力のあることが，社会の発展にとって重要なのである。

そのため教育サービスは，民間の企業で供給が可能であるにもかかわらず，政府が介入して教育サービスを生産し，公共部門による負担，すなわち税金を使って供給をしている。

■表 4-1　外部性の具体例と分類

影響を受ける主体／影響を与える主体	家計	企業
家計	◆分類Ⅰ◆ たばこの煙 隣家の騒音 授業中の私語 教育 自宅前の花壇 予防接種	◆分類Ⅱ◆ 海水浴客による漁場荒らし 教育
企業	◆分類Ⅲ◆ 工場による河川の汚染 工場による大気汚染 環境破壊など公害	◆分類Ⅳ◆ 工場による河川の汚染 工場による大気汚染 リンゴ農家と蜂蜜農家

（備考）網掛けは正の外部性を意味する。その他は負の外部性である。

　特に義務教育については，国公立学校を無償化し，すべての国民が教育を受けることを義務づけている。義務づけが重要なのは，子どもに教育を受けさせない保護者が出てくる可能性があるからである。そのような場合，読み書き計算ができない人が増え，意思疎通に悪影響が出るなど，社会の効率性が低下する恐れがある。そのため国は，義務教育については，無償化に加えて義務づけを行っていると考えられる。

　図 4-4 において，教育の外部性について理論的に考察しよう。横軸は教育の数量 X，縦軸は教育の価格 P，限界便益，限界費用である。教育の限界費用曲線は右上がりだと考える。ここでは，企業が教育を供給していると考える。家計は，教育の消費から便益を受けるが，限界的な便益は低下するため，限界便益曲線は右下がりになる。教育の便益には，私的便益と社会的便益の 2 つがある。社会的便益とは，教育がもつ外部性，すなわち，ある家計が教育を消費することで，他の家計や企業が享受するメリットを考えた場合の便益である。

　まず，図 4-4 の左図において，家計は，その家計だけの私的便益しか考えず，教育を消費すると考える。その場合，私的限界便益曲線と限界費用の交わる E 点において，価格 P^* で X^* の教育を消費する。ところが，社会的便益を

■図 4-4　教育の外部性の内部化

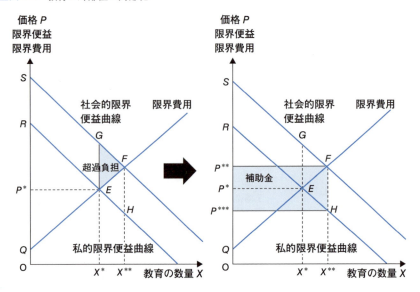

考えていないため，この場合の教育の数量は社会的に過小である。

社会的便益を考慮した社会的便益曲線と限界費用が交わる F 点において，教育の数量は X^{**} となるが，この場合が社会的に望ましい教育の数量である。したがって，家計が私的便益しか考えないとき，社会的便益を含む社会的余剰は□ $QEGS$，超過負担は△ EFG である。超過負担は資源配分における非効率性であり，経済学的に望ましくない。

図 4-4 右図では，超過負担を解消するために，政府は家計に補助金を支出する。□ $P^{***}HFP^{**}$ が補助金の総額であるが，このとき，企業が直面する価格は P^{**}，家計が直面する価格は P^{***} となる。政府が補助金を支出することで均衡が F 点に変化し，社会的に望ましい教育の数量 X^{**} を達成することができる。

このように，外部性を何らかの方策で解消することを内部化と呼ぶ。この場合は，補助金を使うことで，教育の外部性が内部化されたことになる。この補助金こそ，国や地方自治体が支出する教育費である。

4.1.5 理論③：望ましい公共サービスの水準

　教育のような準公共財からいったん離れ，防衛，警察，消防のような純粋公共財について考える。純粋公共財には競合性がないため，家計に同じ数量の消費をもたらす。純粋公共財は等量消費の性質をもっている。

　この純粋公共財の性質を使いながら，望ましい公共財の数量がどのように決定されるかについて，図 4-5 で考察しよう。ある公共財の限界費用曲線が右上がりで描かれている。この社会には，2 つの家計 A と家計 B が存在する。家計 A と家計 B の公共財に対する限界便益曲線は，それぞれが右下がりで描かれている。

　家計 A のほうが，家計 B よりも限界便益が大きいと考える。つまり，同じ公共財の数量 X^* を消費する場合，家計 A は価格 Q，家計 B は価格 R という異なる価格に直面する。ここで，公共財の価格とは，それぞれの家計が，その公共財を消費する上で，負担してもよいと考える価格である。そのため，価格

■図 4-5　望ましい公共財の数量と負担の決定

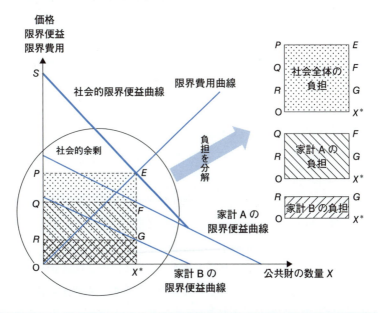

はそれぞれの家計で異なることに注意しなければならない。

　家計 A と家計 B の限界便益曲線を上に向かって集計すれば，社会的限界便益曲線を得る。望ましい公共財の数量は，社会的限界便益曲線と限界費用曲線の交わる E 点において，数量 X^* として決定される。

　このとき，公共財の生産に必要な費用を賄う社会全体の負担は□ OX^*EP である。この負担は個々の家計に分解できる。家計 A の負担は，□ OX^*FQ，家計 B の負担は□ OX^*GR または□ $QFEP$ である。したがって，等量消費であるにもかかわらず，家計 A のほうが家計 B よりも負担が大きい。これは，もともと家計 A のほうが，家計 B よりも，同じ公共財の数量から受け取る限界便益が大きいことが理由である。

　ここまでは，1 つの公共財の望ましい数量について検討してきたが，次に公共財を 2 つ登場させる。具体的には，公共事業と福祉サービスとしよう。図4-6 において，公共事業（横軸）と福祉サービス（縦軸）の 2 種類の公共財を供給する政府が存在すると考える。

　この政府がもつすべての資源，すなわち税収や公債発行などの財源を使って労働や資本を活用することで，生産できる最大限の公共財の数量を考える。公共事業だけを生産する場合は F 点（OF），福祉サービスだけを生産する場合は G 点（OG）が，最大の生産量になる。したがって，曲線 FG の組合せが，公共財の最大の数量を実現する組合せとなる。これが生産可能性フロンティアである。

　生産可能性フロンティア上の公共財の数量の組合せ，たとえば E 点や H 点を選ぶことが，生産の効率性である。A 点のような組合せは，生産可能性フロンティア上の組合せではないため，効率的ではない。このとき，何らかの資源の無駄が生じている。

　生産可能性フロンティア上の生産の効率性を満たす公共財の組合せは，曲線 FG 上に無限にある。この中から，もっとも望ましい組合せを選ぶために，社会的無差別曲線を導入する。社会的無差別曲線は，2 種類の公共財の数量の組合せを与えられたときの社会全体の厚生水準の中で，同じ社会全体の厚生水準となる組合せを結んだものである。たとえば，社会的無差別曲線 W^* 上の公共財の組合せは，すべて同じ厚生水準をもたらす。公共財の組合せの数量が増え

■図 4-6　2種類の公共財の最適な数量の決定

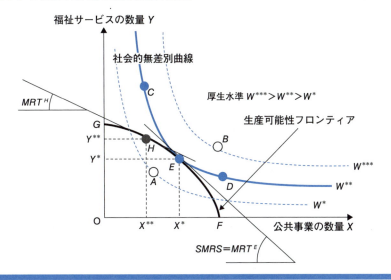

るほど，厚生水準は高くなる。したがって，$W^* < W^{**} < W^{***}$ である。

　生産可能性フロンティアと社会的無差別曲線が接する E 点において，公共事業の数量 X^*，福祉サービスの数量 Y^* が決定される。E 点においては，生産可能性フロンティアの傾きである**限界変形率** MRT（Marginal Rate of Transformation）と社会的無差別曲線の傾きである**社会的限界代替率** $SMRS$（Social Marginal Rate of Substitution）が一致する。このとき，**社会的無差別曲線**という国民ニーズに従った公共財の組合せが選ばれており，**配分の効率性**が満たされている。なお，B 点のような組合せは，より高い厚生水準ではあるが，生産可能性フロンティアを超える組合せであることから，政府は提供できない。

　以上から，2種類の公共財の数量を決定する場合，生産可能性フロンティア上の組合せを選ぶ生産の効率性を満たしつつ，最大の厚生水準を得る生産可能性フロンティアと社会的無差別曲線が接する組合せを選び，配分の効率性を満たすことが大切である。

コラム 4.1　国と地方の純計歳出規模

　公共サービスは国と地方自治体によって実施されている。図 4-7 は、どのような公共サービスが、国と地方自治体のどちらで実施されているかを示したものである。おおむね、4 割が国、6 割が地方自治体によって実施されている。

　本章で取り上げた教育（学校教育費）は、約 9 割が地方自治体によって実施されている。次節に取り上げる社会保障（民生費）については、公共サービスによって異なる。たとえば年金はすべて国であるが、その他の民生費は約 7 割が地方自治体、約 3 割が国である。

　なお、この図の純計とは、国から地方自治体への補助金を二重に計算しない純計で示したものという意味である。住民に身近な公共サービスほど、国ではなく地方自治体によって実施されている。

■図 4-7　国・地方を通じた目的別歳出純計額の状況

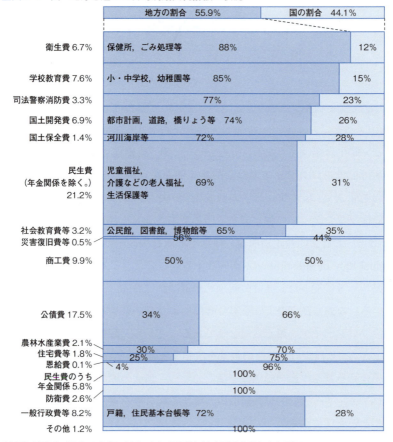

（出所）総務省『令和 6 年版（令和 4 年度決算）地方財政白書』より引用。
https://www.soumu.go.jp/menu_seisaku/hakusyo/index.html

4.2　社会保障

4.2.1　実際：社会保障への支出と財源

　日本政府の公共サービスの中で、最大の支出が社会保障である。第 1 章「政府の借金から考える財政学」でも説明したが、高齢化に伴い、社会保障関係費の金額が歳出に占めるシェアも増加している。

　図 4-8 には、社会保障給付費の推移が示されている。社会保障関係費は国の一般会計の社会保障にかかる経費だが、社会保障給付費はあらゆる社会保障にかかる給付を集計したものである。具体的には、年金、医療、介護、福祉その他がある。これらも高齢化によって増加しており、2009 年度に 100 兆円の大台を突破した。

　図 4-8 の右側には財源の構成も示されている。約半分が、年金保険料、医療保険料、介護保険料といった保険料である。人口減少や少子化の進展もあり、

■図 4-8　社会保障給付費の推移

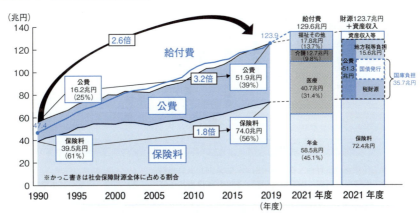

（出所）財政制度等審議会財政制度等分科会「令和 4 年度 歴史の転換点における財政運営」より引用。
https://www.mof.go.jp/about_mof/councils/fiscal_system_council/sub-of_fiscal_system/report/index.html

現役世代が負担する保険料の引上げが困難になってきた。そのため，社会保障給付費の財源は公費にも頼っている。

公費は国庫負担（国の負担）と地方税等負担（地方の負担）に分けられる。国庫負担は税財源と国債発行に分けられる。つまり，日本の社会保障給付費の財源は赤字国債に頼る構造になっている。この点は，社会保障の持続可能性という点から望ましいものではない。

図4-9には，日本の社会保障財源の全体像を示した。社会保障にはさまざ

■図4-9 社会保障財源の全体像

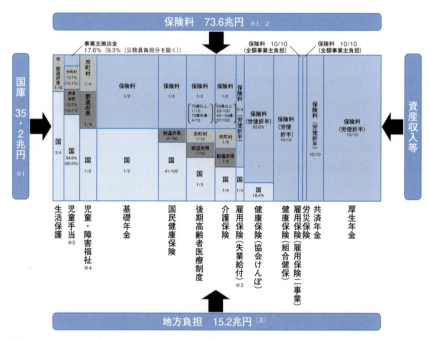

（出所）厚生労働省作成資料「社会保障財源の全体像」より引用

（注）※1 保険料，国庫，地方負担の額は2020年度当初予算ベース。※2 保険料は事業主拠出金を含む。※3 雇用保険（失業給付）については，2017〜2023年の間，国庫負担額（1/4）の10％に相当する額を負担。※4 児童・障害福祉のうち，児童入所施設等の措置費の負担割合は，原則として，国1/2，都道府県・指定都市・中核市・児童相談所設置市1/2等となっている。※5 児童手当については，2020年当初予算ベースの割合を示したものであり，括弧書きは公務員負担分を除いた割合である。

まな制度があるが，中でも社会保険制度（年金，医療，介護など）は社会保険料が財源という特徴がある。その一方で，国庫負担，地方負担，資産収入といった公費も投入されている。国庫負担と保険料の割合は，社会保険制度によって異なる。たとえば基礎年金の国庫負担は2分の1，後期高齢者医療制度の国庫負担は3分の1，介護保険制度の国庫負担は4分の1などとなっている。

▶ 4.2.2　制度：社会保障財政の仕組み

図4-10には，国，都道府県，市町村をめぐる社会保障財政における資金の流れを示している。

第1に，社会保障に関連する国の財政には，一般会計，年金特別会計，労働保険特別会計がある。国民は，一般会計に租税などの負担，特別会計へ社会保険料を拠出し，年金や失業手当の給付を受ける。一般会計は，特別会計や都道府県および市町村の財政に対して国庫負担を支出する。

第2に，都道府県の財政にも一般会計があり，国民は租税などを負担して，生活保護，社会福祉，公衆衛生などの社会保障サービスを受けている。また，都道府県の財政は国民健康保険特別会計をもち，市町村の国民健康保険特別会計と連携して，国民健康保険事業を展開している。都道府県の国民健康保険特別会計は，市町村の国民健康保険特別会計に交付金を支払い，国民健康保険料（税）を原資とした納付金の納付を受ける。

第3に，都道府県単位の広域連合が，75歳以上の後期高齢者の医療に関する後期高齢者医療制度を担当し，医療給付を行う後期高齢者医療特別会計をもっている。ここでいう広域連合とは，複数の都道府県，市町村，特別区が，広域にわたる事務を処理することが適当である場合に設定できる地方自治体である。

第4に，市町村の財政にも一般会計があり，国民は租税などを負担して，生活保護，社会福祉，公衆衛生などの社会保障サービスを受けている。市町村にも国民健康保険特別会計があり，国民健康保険に加入する国民が国民健康保険料（税）を拠出し，医療給付を受けている。

また国民は，介護保険特別会計に対して，介護保険料を拠出し，介護給付を受ける。国民健康保険制度や介護保険制度は，市町村による広域連合によって

■図 4-10 社会保障財政における資金の流れ

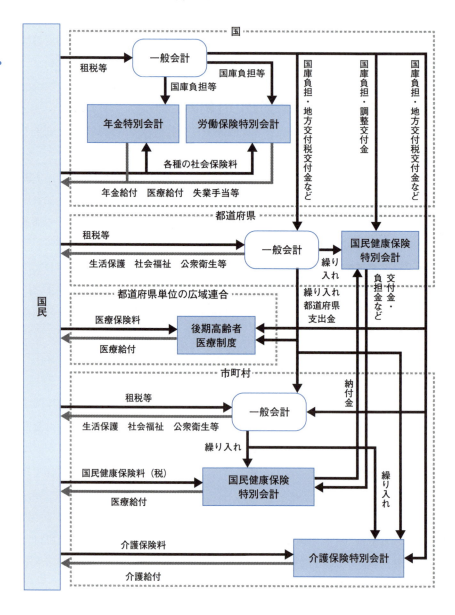

運営されることもある。なお，都道府県や市町村の一般会計は，国民健康保険特別会計や介護保険特別会計に対して繰り入れを行っている。

後期高齢者医療制度，国民健康保険制度，介護保険制度は，いずれも地域保険であり，広域連合や市町村などが保険者となって，被保険者の資格の管理，保険給付，保険料率の決定，賦課・徴収といった制度を運営している。都道府県に居住する75歳以上の住民はその都道府県の広域連合である後期高齢者医療制度に，市町村に居住する40歳以上の住民はその市町村の介護保険制度に加入する。

しかしながら，医療保険制度に関しては，企業などの被用者は企業の健康保険制度に加入するために，国民健康保険制度には，その市町村のすべての住民が加入しているわけではない。また，医師，歯科医師，弁護士，美容師，大工，芸能に従事する人などが，同業者間で都道府県ごとに設立できる国民健康保険組合もある。

後期高齢者医療制度，国民健康保険制度，介護保険制度は，地方自治体が保険者に位置づけられている。保険者は，保険料の設定や保険制度の運営を行っている。

▶ 4.2.3　理論①：公的年金の必要性と財政方式

社会保障の代表格である公的年金について，図4-11を用いて，その必要性と経済効果を検討する。

ここでは，単純な2期間のライフサイクルモデルを用いる。家計は1期（現役期）と2期（高齢期）を生存する。家計の効用は，1期目の消費 C_1（現在消費）と2期目の消費 C_2（将来消費）によって決定される。家計は1期目に労働所得 Y を得て，2期目に労働所得は存在しない。そのため，1期目に貯蓄 S を行わなければ，2期目の消費 C_2 ができない。2期目の消費 C_2 は，貯蓄を利子率 r で運用した金額 $(1+r)S$ だけ実施できる。

1期目の予算制約式：$C_1 = Y - S$

2期目の予算制約式：$C_2 = (1+r)S$

生涯予算制約式：$C_2 = (1+r)Y - (1+r)C_1$

■図 4-11　公的年金の必要性と財政方式

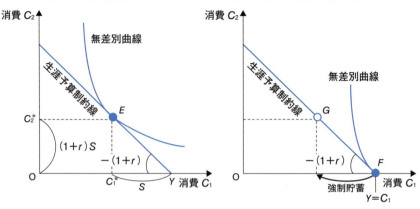

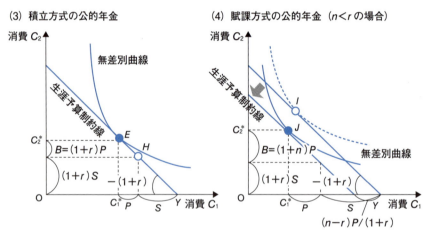

　第1に，この家計が将来を予期できると想定しよう。図 4-11（1）によれば，家計は生涯予算制約線と無差別曲線が接する E 点において，消費 C_1^* と消費 C_2^* を選ぶ。このように，家計が将来を予期できる場合は，将来消費のために貯蓄ができる。しかし，すべての家計が，このような合理的な選択をできるわけではない。そこで近視眼的な家計について考察する。

　第2に，図 4-11（2）には将来を予期できない家計の選択が示されている。

この家計は F 点を選び，すべての所得 Y を 1 期目の消費 C_1 に使ってしまう。この場合，2 期目の消費 C_2 はゼロとなり，この家計は生存できないかもしれない。そこで，何らかの手段で強制貯蓄を行わせて，たとえば G 点で消費 C_1 と消費 C_2 の配分を実現することが考えられる。

したがって，近視眼的な家計の場合，政策的に貯蓄を行わせることに意味が出てくる。ただ，近視眼的な家計でなくても，ある程度，将来の消費の確保は重要になる。なぜなら，私たち家計は，自分がどれだけ生存するかを正しく予期できるわけではないからである。これが，公的年金の必要性である。

なお，公的年金の財政方式には，大きく分けて積立方式と賦課方式がある。積立方式では，家計が 1 期目に拠出する保険料 P を積み立て，それを利子率 r で運用した金額 $(1+r)P$ だけの給付 B を 2 期目に受け取る。

1 期目の予算制約式：$C_1 = Y - S - P$

2 期目の予算制約式：$C_2 = (1+r)S + B = (1+r)S + (1+r)P$

生涯予算制約式：$C_2 = (1+r)Y - (1+r)C_1$

図 4-11 (3) には，積立方式による家計の選択が示されている。この場合，生涯予算制約式が図 4-11 (1) の場合と同じになることに注目したい。積立方式の保険料は利子率 r で運用されるため，貯蓄と同じ効果をもつ。その結果，家計の選択も E 点となり，図 4-11 (1) と図 4-11 (3) では同じ消費水準が選ばれる。

次は賦課方式である。賦課方式では，現役期の家計が拠出した保険料が，そのときに生存する高齢期の家計に給付される。ここで，高齢期の家計数 N，現役期の家計数 $(1+n)N$ とする。n は人口成長率である。

現役期の家計は保険料 P を拠出し，政府は $(1+n)N \times P$ の保険料収入を得て，高齢期の家計へ $N \times B$ の給付を行う。整理すれば，高齢期の家計の受け取る給付 $B = (1+n)P$ となる。

1 期目の予算制約式：$C_1 = Y - S - P$

2 期目の予算制約式：$C_2 = (1+r)S + B = (1+r)S + (1+n)P$

生涯予算制約式：$C_2 = (1+r)Y - (1+r)C_1 + (n-r)P$

このとき，生涯予算制約式は，人口成長率と利子率の差（$n-r$）によって大きさが変わる。図 4-11（4）は $n<r$ の場合，すなわち少子化によって人口成長率が利子率よりも小さくなる状況を示している。このとき，生涯予算制約線が原点に向かってシフトし，保険料が一定のもとでは，家計が選ぶ消費水準を低下させることがわかる。

日本の公的年金制度は，積立方式から賦課方式に変化してきた。日本は少子高齢化が進んでいることから，図 4-11（4）の状況に近くなっていると考えられる。

▶ 4.2.4 理論②：社会保険の必要性

公的年金をはじめとした社会保険は，国民が社会保険料を拠出し，必要ならば給付を受けられる仕組みをもつ。社会保険がなければ，個々人はリスクにさらされることになり，その結果，最低限度の生活を営めない状態に陥るかもしれない。

社会保険は，個々人のリスクをプールするリスク・プーリング機能と，個人の生活水準が最低限度以下に陥ることがないようにするリスク軽減機能をもっている。また，社会保険料の拠出と給付に伴い，社会保険は所得再分配機能をもたらすことになる。

社会保険の最大の特徴は，政府が関与することで，保険者がある程度の強制力をもっていることである。一方，民間保険の加入は任意である。たとえば年金保険は，民間金融機関によっても提供されているが，その年金保険に加入するかどうかは，加入者の選択による。しかしながら，公的年金においては，20歳以上の国民は，全員の加入が法律によって義務づけられている。介護保険や労働保険，医療保険も同様である。

社会保険においては任意加入を認めず，国民全員が加入することが義務づけられていることは，保険における逆選択を防ぐためでもある。保険の加入者にリスクの高い人が多ければ，保険料が高くなる傾向がある。そのため，任意加入ならば，リスクの低い人は保険に加入せず，リスクの高い人だけが保険に残ってしまうという逆選択が生じる。その結果，保険料はますます高騰し，リスクの高い人すら退出することで，保険は機能しなくなる。

社会保険には税金が投入されているが，このような公費の投入は，民間保険ではみられない社会保険の特徴である。社会保険は，国民全員の保険加入を目指し，社会保険料の拠出を強制する。そのため，場合によっては社会保険料の負担を抑制することが，政策として要請されることがある。そこで公費が財源として投入されることになる。

社会保険方式は，社会保険料の拠出と給付に対応関係があることから，給付の権利性が強いという特徴がある。たとえば，公的年金にしても，年金保険料を拠出しているからこそ，年金給付を受けられるのは当然のことである。医療保険にしても，医療保険料を拠出しているからこそ，医療給付を受けることができる。そのため，給付を受ける際のスティグマ（恥辱・汚名）が存在しない。一方，税方式の場合は，社会保険料の拠出を伴わず，給付を受けることになるために，場合によってはスティグマの問題が生じることがある。

社会保険方式の社会保険は，生活困窮者への事後的な救済手段であった社会保障の対象を国民一般に広げ，社会保険料の拠出と給付といった形で事前に対応することで，将来の生活困窮者の増加を予防する仕組みである。社会が連帯することで，国民一人ひとりの生活を守る共助の制度であるといえよう。

一方，社会保険方式では，低所得など何らかの事情によって社会保険料を拠出できない者については，給付の対象にすることができない。そのために，生活困窮世帯が増える場合，公費の投入が避けられなくなる。たとえば，生活保護世帯は社会保険料の拠出を免除されており，生活保護給付によって介護や医療といった給付を受けることができるようになっている。

さらに，社会保険料の未納問題や徴収漏れが生じることも，社会保険方式の特徴である。特に，公的年金のように，社会保険料の拠出履歴が給付に関わる制度においては，拠出履歴の記録が重要となる。そのため，拠出履歴を社会保険制度の実務機関（日本の公的年金の場合は日本年金機構）が保持することが，適正な給付には不可欠となる。

第5章

財政再建から考える財政学

5.1　財政収支とプライマリーバランス

▶ 5.1.1　実際：財政収支とプライマリーバランスの推移

　第1章「政府の借金から考える財政学」では，日本政府の借金・公債残高が増加している事実について学んだ。財政再建（または財政健全化）は急務だが，どのようにして財政再建を行えばよいのか，そして，どの程度，財政再建を行うべきなのか，これらについて検討しよう。

　財政再建を考える上で，財政収支とプライマリーバランス（基礎的財政収支，PB：Primary Balance）は重要な財政健全化の指標である。図5-1には，一国の財政における歳入と歳出を示した。歳入と歳出は次のように表現できる。

> 歳入＝借金（新たな債務の増加）＋税収等
> 歳出＝債務償還費（過去の債務の減少）＋利払費＋政策的経費

このとき，財政収支とプライマリーバランス（PB）は，次のようになる。

> 財政収支＝税収等－（政策的経費＋利払費）
> プライマリーバランス＝税収等－政策的経費

すなわち，税収等から利払費を差し引くのが財政収支，差し引かないのがプライマリーバランスである。

103

■図 5-1　財政収支とプライマリーバランス

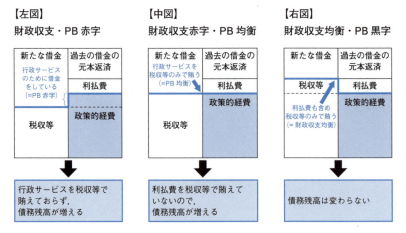

（出所）財務省『日本の財政関係資料』（令和6年4月）より引用。
https://www.mof.go.jp/policy/budget/fiscal_condition/related_data/index.html

　財政収支とプライマリーバランスは，プラスの場合は黒字，マイナスの場合は赤字，ゼロの場合は均衡となる。まずは財政収支の意味を考えてみよう。図5-1には3つの財政状態が示されている。

　図5-1左図は財政収支赤字（かつPB赤字）の財政状態である。財政収支が赤字ならば，過去の債務の減少を示す債務償還費よりも，新たな債務の増加を示す借金が多いことから，債務残高は増加する。したがって，財政収支赤字は債務残高の増加を意味する。

　図5-1中図は財政収支赤字（かつPB均衡）の財政状態である。左図よりも税収等は多く，借金は少ないことから，中図は左図よりも財政状態が良い。しかし，財政収支赤字なので債務残高は増加する。

　図5-1右図は財政収支均衡（かつPB黒字）の財政状態である。中図よりも財政状態が良いことが確認できる。税収等と，利払費と政策的経費の合計が同額なので，財政収支は均衡している。そのため，債務残高は一定となる。

　以上のように，財政収支が赤字であれば債務残高は増加，均衡ならば一定，黒字ならば減少を示す。そのため，財政収支の赤字を抑制し，可能ならば均衡，

さらには黒字にすることが，財政再建の一つの目標になる。

図 5-2 は，日本財政の財政収支対 GDP 比（財政収支 / 名目 GDP）の推移を示している。名目 GDP で財政収支を除算することで，一国の経済規模と比較した財政収支の大きさを測定できる。財政収支は国のみ，国と地方の 2 つの推移が示されている。

図 5-2 によれば，1980 年代までの日本経済は好調で，財政収支の赤字は大きく改善した。1990 年度予算では特例公債の発行はゼロになったが，阪神淡路大震災やバブル経済の崩壊への対応もあり，1994 年度には特例公債の発行が復活した。それ以来，財政収支は赤字が定着し，大手銀行が相次いで破綻した金融危機の 1998 年度，アメリカのリーマンショックが生じた後の 2009 年度，新型コロナウイルス感染症の拡大への対応の 2020 年度に，財政収支は大きく

■図 5-2　財政収支対 GDP 比の推移

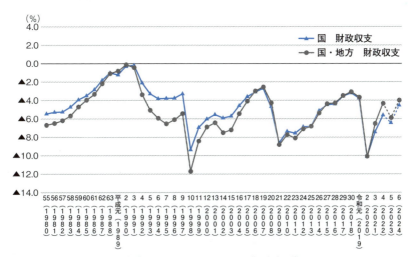

（注 1）昭和 55 年度から平成 5 年度までは，93SNA ベース。平成 6 年度以降は，08SNA ベース。
（注 2）平成 13 年度以前の国財政収支，国・地方財政収支は SNA ベースの純貸出（＋）/ 純借入（－）を単純に合計したもの。平成 14 年度以降の国財政収支，国・地方財政収支は内閣府「中長期の経済財政に関する試算」（令和 6 年 1 月 22 日）（復旧・復興対策及び GX 対策の経費及び財源の金額除き）ベースであり，単年度限りの特殊要因を除いていることに留意。

（出所）財務省『日本の財政関係資料』（令和 6 年 4 月）より引用。
https://www.mof.go.jp/policy/budget/fiscal_condition/related_data/index.html

赤字になった。財政収支の赤字は債務残高の増加を引き起こしている（第1章の図 1-1 も参照）。

一方，プライマリーバランスにはどのような意味があるのだろうか。図 5-3 にはプライマリーバランス対 GDP 比（プライマリーバランス / 名目 GDP）の推移を示した。

図 5-3 のプライマリーバランス対 GDP 比の推移は，図 5-2 の財政収支対 GDP 比の推移に動きは近似している。しかしながら，財政収支が利払費を差し引き，プライマリーバランスが利払費を差し引かないために，両者のレベル（水準）は異なっている。たとえば，バブル経済であった 1980 年代後半から 1990 年代前半のプライマリーバランスは黒字である。つまり，財政収支のほうがプライマリーバランスよりも水準が低い。そのため，財政再建の目標として掲げる場合は，財政収支黒字のほうが，プライマリーバランス黒字よりも，

■図 5-3　プライマリーバランス対 GDP 比の推移

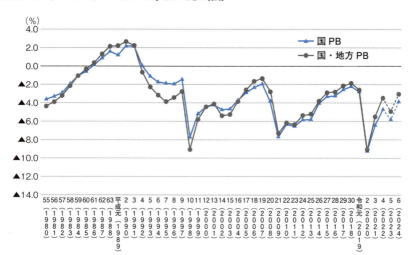

（注1）昭和 55 年度から平成 5 年度までは，93SNA ベース。平成 6 年度以降は，08SNA ベース。
（注2）平成 13 年度以前の国 PB，国・地方 PB は SNA ベースのプライマリーバランス。平成 14 年度以降の国 PB，国・地方 PB は内閣府「中長期の経済財政に関する試算」（令和 6 年 1 月 22 日）（復旧・復興対策及び GX 対策の経費及び財源の金額除き）ベースであり，単年度限りの特殊要因を除いていることに留意。

（出所）財務省『日本の財政関係資料』（令和 6 年 4 月）より引用。
https://www.mof.go.jp/policy/budget/fiscal_condition/related_data/index.html

高い目標になる。

プライマリーバランスがどのような特徴をもつのかについては，もう少し後で学ぶことにする。

▶ 5.1.2　制度：財政再建計画・財政健全化目標

財政の悪化はさまざまな弊害をもたらす。第1章「政府の借金から考える財政学」と第4章「身近な公共サービスから考える財政学」で学んだように，日本財政の悪化の最大の要因は社会保障費の増加と，それに見合うだけの税収や社会保険料収入を確保できていないことにある。いわば，社会保障サービスの受益と，租税や社会保険料などの負担がバランスしておらず，赤字公債によって補填されている。このことは，財政の持続可能性からみて望ましい状態ではない。

公債は将来の元利償還を通じて将来世代の負担になるだけでなく，公債を保有する人と保有しない人の間の所得分配にも影響をもたらす。公債を保有する人とは金融資産を多くもつ人であり，彼らは政府からの利払いを受ける。保有しない人は利払いを受けることがないばかりか，元利償還のための租税などの負担がのしかかる。公債を通じた所得分配により，社会の不平等化が進展する恐れもある。

公債残高の増加は利払費を含めた元利償還費の増大をもたらし，政策経費に充てる財源を圧迫する財政の硬直化を招く。国債の利払いが困難だと投資家に判断されてしまう場合，その国の国債の格付けが落ち，通貨の信用も落ちる懸念がある。表5-1 には，主要な格付け会社による国債の格付けを示した。日本の国債の格付けは低下傾向にある。

以上のような財政悪化の弊害を避けるためには，財政再建が欠かせない。財政再建を進めるためには，財政健全化目標を盛り込んだ財政再建計画を立て，それを実現していくことが重要である。ここでは，図5-4 の公債発行額と公債依存度をみながら，財政健全化のために，日本がどのような歴史をたどったかを振り返る。なお，公債依存度とは，公債発行額を一般会計歳出額で除算したものであり，1年間の歳出のうち，どれだけを公債に依存したかを示す指標である。

■表 5-1　主要格付け会社による日本国債の格付けの推移

	Moody's	S&P	Fitch
Aaa/AAA	米国		
	ドイツ	ドイツ	ドイツ
Aa1/AA+		米国	米国
Aa2/AA	フランス	フランス	
		英国	
Aa3/AA-	英国		フランス
			英国
A1/A+	日本	日本	
A2/A			日本
A3/A-			

（出所）財務省『日本の財政関係資料』（令和 6 年 4 月）より引用。
https://www.mof.go.jp/policy/budget/fiscal_condition/related_data/index.html

　1970 年代の 2 回の石油危機は，財政にも大きな影響をもたらした。1976 年 5 月に閣議決定された「昭和 50 年代前期経済計画」では，1980 年度までのできるだけ早期に特例公債に依存しない財政に復帰することが掲げられた。1979 年 9 月の「大平内閣総理大臣所信表明演説」では，1984 年度までに特例公債依存から脱却することが基本的な目標となった。図 5-4 によれば，1970 年代後半の公債依存度は高く推移しており，財政再建の必要性が叫ばれた時代であった。

　1983 年 8 月に閣議決定された「1980 年代経済社会の展望と指針」では，1990 年度までに特例公債依存体質からの脱却と，公債依存度の引下げに努めることが明記された。図 5-4 にあるように，その後の 1990 年度予算では特例公債の発行がゼロになり，日本の財政再建はいったん達成された。その背景としては，バブル経済による好調な経済がもたらす大きな税収が寄与していた。

　ところが 1990 年代前半にバブル経済は崩壊し，再び財政の悪化が始まる。公債依存度が急増したことから，財政再建に向けた政府の動きが活発になる。1997 年 12 月には，財政構造改革の推進に関する特別措置法（略称：財政構造改革法）が施行され，当初は 2003 年度までに国および地方の財政赤字の対

■ 図 5-4 公債発行額と公債依存度

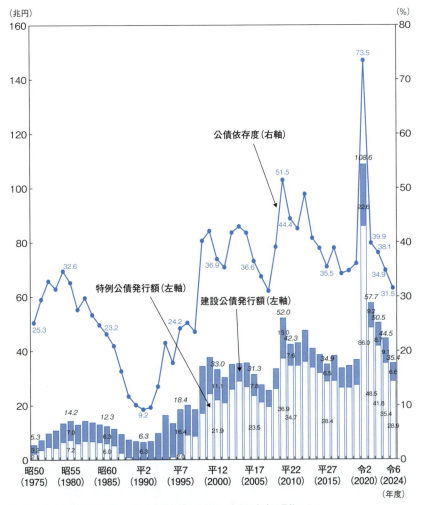

(注1) 令和4年度までは決算，令和5年度は補正後予算，令和6年度は予算による。
(注2) 特例公債発行額は，平成2年度は湾岸地域における平和回復活動を支援する財源を調達するための臨時特別公債，平成6〜8年度は消費税率3％から5％への引上げに先行して行った減税による租税収入の減少を補うための減税特例公債，平成23年度は東日本大震災からの復興のために実施する施策の財源を調達するための復興債，平成24年度及び25年度は基礎年金国庫負担2分の1を実現するための財源を調達するための年金特例公債を除いている。
(注3) 公債依存度は公債発行額を一般会計歳出総額で除して算出。

(出所) 財務省『日本の財政関係資料』（令和6年4月）より引用。
https://www.mof.go.jp/policy/budget/fiscal_condition/related_data/index.html

GDP 比を 3% 以下とすること，一般会計の歳出は特例公債による収入以外を財源とすることとされた。

しかしながら，1998 年 10 月に，特例公債の発行制限を一時的に緩和する弾力条項が盛り込まれ，目標達成年度が 2005 年度に延期された。さらに，景気回復を優先することにした政府によって，財政構造改革法は 1998 年 12 月に停止された。

2002 年 6 月に閣議決定された「経済財政運営と構造改革に関する基本方針2002」（通称：骨太の方針 2002）では，2010 年代初頭に国と地方を合わせたプライマリーバランスを黒字化させることを目指すとされた。これまでの日本の財政再建計画における財政健全化指標は，特例公債の発行，または公債依存度であったが，2002 年の骨太の方針ではプライマリーバランスという財政健全化指標が初めて提示された。

2006 年 7 月に閣議決定された「経済財政運営と構造改革に関する基本方針2006」では，2011 年度には国・地方の基礎的財政収支（プライマリーバランス）を確実に黒字化する，基礎的財政収支の黒字化を達成した後も，債務残高対 GDP 比の発散を止め，安定的に引き下げることを確保するとされた。また，この時点で債務残高対 GDP 比（債務残高／名目 GDP）が，財政健全化指標の一つとして浮上した。

しかしながら，2008 年秋のリーマンショックへの対応などで，日本財政は悪化し続けた。2009 年 6 月に閣議決定された「経済財政改革の基本方針 2009」では，今後 10 年以内に国・地方のプライマリーバランス黒字化の確実な達成が掲げられた。2010 年 6 月に閣議決定された「財政運営戦略」では，国・地方及び国単独の基礎的財政収支について，遅くとも 2015 年度までに，その赤字の対 GDP 比を 2010 年度の水準から半減し，遅くとも 2020 年度までに黒字化すること，2021 年度以降に国・地方の公債等残高の対 GDP 比を安定的に低下させることが目標とされた。この時点で，2020 年度のプライマリーバランス黒字化目標が設定された。

2013 年 6 月と 2015 年 6 月に閣議決定された「経済財政運営と改革の基本方針」でも，2020 年度までのプライマリーバランス黒字化は堅持された。しかしながら，景気回復を重視する政府により，黒字化の目標達成年は延期される。

2018 年に閣議決定された「経済財政運営と改革の基本方針 2018」では，2025 年度の国・地方を合わせたプライマリーバランス黒字化，同時に債務残高対 GDP 比の安定的な引下げが目標とされた。

2020 年度以降，新型コロナウイルス感染症の拡大への対応に追われた日本政府であったが，2025 年度の国・地方を合わせたプライマリーバランス黒字化，そして債務残高対 GDP 比の安定的な引下げの財政健全化目標は堅持された。

▶ 5.1.3　理論：財政の持続可能性

これまで示したように，代表的な財政健全化指標には（1）財政収支，（2）プライマリーバランス（PB：基礎的財政収支），（3）債務残高対 GDP 比の 3 つがある。図 5-2 と図 5-3 でみたように，（2）プライマリーバランスは（1）財政収支よりも緩やかな指標である。ここでは，（2）プライマリーバランスと（3）債務残高対 GDP 比の関係について考える。

t 期末の公債残高 D_t とすれば t 期の公債増加額は $D_t - D_{t-1}$，利子率 r とすれば t 期の利払費は rD_{t-1} となる。t 期の税収等 T_t，政策的経費 G_t であれば，一国の財政（左辺は歳入，右辺は歳出）は下記のように示される。

$$(D_t - D_{t-1}) + T_t = rD_{t-1} + G_t$$

ここで，t 期の（2）プライマリーバランス $B_t (= T_t - G_t)$ が均衡しており（$B_t = 0$ または $T_t = G_t$），t 期の GDP を Y_t としたときに $t-1$ 期と t 期の GDP が経済成長率 g で，$Y_t = (1+g) Y_{t-1}$ と表現できることを利用すれば，以下の関係を導くことができる。

$$\frac{D_t}{Y_t} = \frac{(1+r) D_{t-1}}{(1+g) Y_{t-1}}$$

左辺と右辺にある D/Y は，公債残高対 GDP 比，すなわち（3）債務残高対 GDP 比である（第 1 章のコラム 1-1 も参照）。債務残高対 GDP 比は低くなれば財政は改善，高くなれば財政は悪化する。つまり，（2）プライマリーバランスが均衡しているならば，（3）債務残高対 GDP 比は，利子率 r と経済成長率

gによって決定されることを意味する。これを提唱したドーマー（E. Domar）にちなんで，**ドーマー定理**と呼ぶ。

この関係より3つの状態を想定できる。第1に利子率＞経済成長率（$r>g$）の場合，t期の債務残高対GDP比は，$t-1$期の債務残高対GDP比よりも大きくなり，財政は悪化する。第2に利子率＝経済成長率（$r=g$）の場合，t期と$t-1$期の債務残高対GDP比は一定である。第3に利子率＜経済成長率（$r<g$）の場合，t期の債務残高対GDP比は，$t-1$期の債務残高対GDP比よりも小さくなり，財政は改善する。

以上の結果から，財政再建において重要なのは，第1にプライマリーバランスを均衡または黒字化すること，第2に利子率＜経済成長率（$r<g$）を実現することである。プライマリーバランスは，税収から政策的経費を差し引いて求められるから，税収を増やす増税，または政策的経費を減らす歳出削減が，財政再建において重要である。

▶ 5.1.4　理論②：公債の等価定理と中立命題

財政悪化の最大の要因は，政策的経費の財源を租税に求めず，公債発行に求めてしまうことにある。政策的経費の租税調達と公債調達には，負担を現在に求める租税調達と，将来に求める公債調達の違いがある。しかしながらリカード（D. Ricardo）が提示した**リカードの公債の等価定理**では，租税調達と公債調達が同じ経済効果をもつことが示される。もし，同じ経済効果をもつならば，わざわざ公債発行をすることなく，租税による調達でよいことになる。ここでは，リカードの公債の等価定理について考える。

リカードは家計の合理的な経済行動を前提として，公債の負担を考察した。家計は第1期に所得Yを得て消費C_1を行った残りを貯蓄Sとし，第2期に貯蓄を元手に消費C_2を行い，その後に死亡する。ここで，政府は第1期の財政支出G_1と第2期の財政支出G_2のために財源を調達するとしよう。

①租税調達の場合を考える。政府は租税Tを家計に課して財政支出Gに充てる。すなわち，政府の予算制約式は**表5-2**の（1）（2）式になる。また，家計の予算制約式は（3）（4）式になる。政府と家計の予算制約式を合算して貯蓄Sを消去すれば，生涯予算制約式は（5）式となる。（5）式を整理すると，

■表 5-2　リカードの公債の等価定理における家計と政府の予算制約式

①租税調達の場合

		第 1 期		第 2 期	
政府の各期の予算制約式		$T_1 = G_1$	(1)	$T_2 = G_2$	(2)
家計	各期の予算制約式	$C_1 = Y - T_1 - S$	(3)	$C_2 = (1+r)S - T_2$	(4)
	生涯予算制約式	$C_1 + \dfrac{C_2}{1+r} = Y - G_1 - \dfrac{G_2}{1+r}$			(5)

②公債調達の場合

		第 1 期		第 2 期	
政府の各期の予算制約式		$D = G_1$	(6)	$T = (1+r)D + G_2$	(7)
家計	各期の予算制約式	$C_1 = Y - S - D$	(8)	$C_2 = (1+r)(S+D) - T$	(9)
	生涯予算制約式	$C_1 + \dfrac{C_2}{1+r} = Y - G_1 - \dfrac{G_2}{1+r}$			(10)

■図 5-5　リカードの公債の等価定理

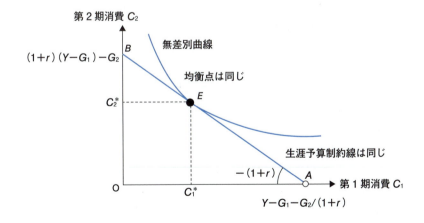

$$C_2 = -(1+r)C_1 + (1+r)(Y-G_1) - G_2$$

傾きは$-(1+r)$，切片は$(1+r)(Y-G_1)-G_2$となる。図5-5にあるように，家計は生涯予算制約線と無差別曲線が接するE点で，第1期と第2期の消費を選択する。

②公債調達の場合を考える。第1期に政府は公債Dを発行して財政支出Gに充てる。第2期には租税Tによって公債償還と財政支出を賄う。すなわち，政府の予算制約式は表5-2の（6）（7）式になる。公債を購入し，政府から利払いを受け取る家計の予算制約式は，第1期は（8）式，第2期は（9）式になる。予算制約式を合算して貯蓄と公債を消去すれば，生涯予算制約式（10）式を得る。この生涯予算制約式は（5）式と同じであるため，図5-5の予算制約線は変更されず，均衡E点も変わらない。

このように，家計の合理的な経済行動を前提とする場合，家計の経済行動は政府の財源調達方法に依存しない。租税でも公債でも家計の経済行動が同じになることを公債の等価定理と呼ぶ。公債の等価定理が成立すれば，政府の財源調達の変更に意味はなく，租税調達を避ける理由はない。

リカードの公債の等価定理は1つの世代の生涯の間に，公債発行と償還がなされる状況を考えた。公債発行の世代と，償還時の世代が異なる場合，公債の等価定理は成立しないかもしれない。公債発行に伴う経済政策の有効性において重要なのは，遺産であることをバロー（R. Barro）は指摘した。ここでは政府が公債発行で減税し，後に公債を償還する政策を考える。親世代は公債を政府から購入し，後に子世代に売却すると考える。

第1は（1）世代間で遺産を受け渡さない場合である（図5-6（1））。政府が親世代に発行した公債の償還に伴う増税によって子世代の可処分所得が減り，消費が減少してしまう。すなわち，子世代に公債の負担が発生することになる。したがって，この例ではリカードの公債の等価定理は世代を越えて成立しない。

第2は（2）世代間で遺産を受け渡す場合である（図5-6（2））。同じく親世代に政府は公債発行に伴う減税を行う。ここで，親世代は，子世代が将来的に公債償還のための増税に直面することを理解しており，子世代に同情的であるとする。

■図 5-6　バローの公債の中立命題

(1) 世代間で遺産を受け渡さない場合
　　リカードの等価定理は世代を越えて成立しない

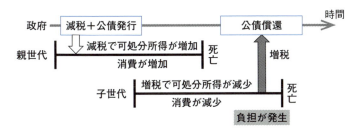

(2) 世代間で遺産を受け渡す場合
　　リカードの等価定理が世代を越えて成立する（公債の中立命題）

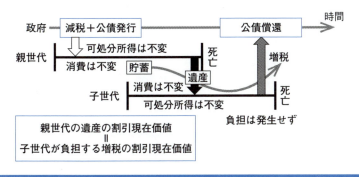

　このとき，親世代は子世代に対して，将来の増税に見合う（割引現在価値で等しい）遺産を受け渡す。遺産を遺すため，親世代の可処分所得は減税前と変わらず，消費も変わらない。子世代は受け取った遺産で増税に備えるため，可処分所得と消費は不変となる。したがって，この場合，公債発行によって負担は増えない。

　遺産の受け渡しがある場合，世代を越えて公債の等価定理が成立する可能性を，公債の中立命題と呼ぶ。公債の中立命題が成立すれば，政府の財源調達の変更に伴う政策は無効になる。

　公債の等価定理と中立命題が意味することは何だろうか。これらが成立する

> **コラム 5.1　プライマリーバランスの国際比較**
>
> 　プライマリーバランス対 GDP 比（＝プライマリーバランス／名目 GDP）の国際比較をしたものが図 5-7 である。日本のプライマリーバランスは，他国に比べて低く推移してきたことがわかる。なお，2020 年度のプライマリーバランスが，各国とも極端に下がったのは，新型コロナウイルス感染症の拡大に伴う対応のためである。
>
> ■図 5-7　プライマリーバランス対 GDP 比の国際比較
>
>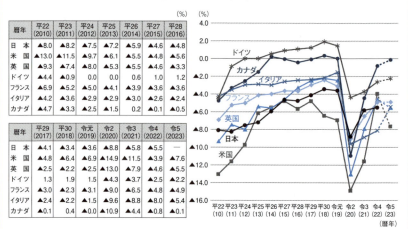
>
> （出所）財務省ウェブサイト「財政に関する資料」より引用。
> https://www.mof.go.jp/tax_policy/summary/condition/a02.htm

場合，公債発行による財政支出の増加または減税は，消費を増やすことがない。したがって，景気対策としては失敗する。そこで，家計がどこまで将来を見据えているかが，財政政策の効果を左右することになる。

5.2　行政改革

5.2.1　実際：行政改革の歴史

　日本の財政は公債残高が累積しており，財政再建が不可欠であることを，本書を通じて学んできた。財政再建の一つの手法に，行政改革がある。行革と略されることもある。行政改革を実施すれば，歳出を抑制できる可能性があり，

■表 5-3　日本における国の行政改革の歴史

年	概要
1961 年	第 1 次臨時行政調査会（第 1 次臨調）：1964 年まで
1980 年	鈴木善幸内閣発足「増税なき財政再建」
1981 年	第 2 次臨時行政調査会（第 2 次臨調）：1983 年まで
1982 年	第 1 次中曽根康弘内閣発足（1983 年第 2 次内閣発足）
1983 年	第 1 次臨時行政調査会（第 1 次行革審）：1986 年まで
1985 年	日本電信電話公社・日本専売公社の民営化
1987 年	第 2 次臨時行政調査会（第 2 次行革審）：1990 年まで
	日本国有鉄道分割民営化
1995 年	第 1 次橋本龍太郎内閣発足（1996 年第 2 次内閣発足）
1996 年	行政コスト削減に関する取組方針
2000 年	行政改革大綱が閣議決定
2001 年	中央省庁再編
2001 年	第 1 次小泉純一郎内閣発足「聖域なき構造改革」「構造改革なくして景気回復なし」「官から民へ」（2003 年第 2 次内閣発足）
2004 年	郵政民営化の基本方針
2005 年	道路関係四公団民営化
2006 年	行政改革推進法
2007 年	郵政民営化
2009 年	民主党政権（政権交代）
	事業仕分け
2012 年	第 2 次安倍晋三政権（政権交代）
2013 年	行政事業レビュー

それによって財政再建を進めることができる。

　しかしながら，元来，行政改革は財政再建のためだけに実施される改革ではない。一般的には，行政組織の効率化と経費節減を目指して，国や地方自治体の行政組織を変革することを，行政改革と呼ぶ。財政を伴って改革がなされる場合も多いことから，行財政改革と呼ばれることも多い。ここでは，日本における行政改革の歴史を振り返る。合わせて表 5-3 も参照されたい。

　第 2 次世界大戦後の日本において，本格的に行政改革を検討したのは 1961 年に当時の総理府に発足した第 1 次臨時行政調査会であった。会長の名称から「佐藤臨調」とも呼ばれる。内閣の重要政策に関する企画・調整を行う内閣府の設置などを提案した。

　1980 年に「増税なき財政再建」を掲げた鈴木善幸内閣は，1981 年に第 2 次

臨時行政調査会（第2臨調）を発足させる。会長の名称から「土光臨調」とも呼ばれる。当時，国営であった日本国有鉄道（国鉄），日本電信電話公社（電電公社），日本専売公社（専売公社）の三公社民営化を提言した。

1983年，第2臨調の提言の実現を監視する機関として，臨時行政改革推進審議会（行革審）が設置される。中曽根康弘内閣は，日本国有鉄道をJRとして6つの地域別会社とする国鉄分割民営化（1987年），日本電信電話公社は東西のNTTグループへ民営化（1985年），日本専売公社は日本たばこ産業株式会社（JT）への民営化を実施した。これらを中曽根行革と呼ぶ。当時の行政改革は民営化が主流であった。

1996年，橋本龍太郎内閣によって行政改革会議が設置される。公共工事のコスト削減，規制緩和，そして中央省庁の改革が検討された。これらは橋本行革と呼ぶ。橋本行革以後も，行政コストの削減，規制改革，財政投融資改革が実施された。2000年には行政改革大綱が閣議決定され，2001年には中央省庁再編により，内閣機能の強化を図るため，それまでの1府22省庁から1府12省庁に再編された。このとき，内閣府が設置された。

2001年，小泉純一郎内閣は「聖域なき構造改革」「構造改革なくして景気回復なし」「官から民へ」を掲げ，さまざまな行政改革を行った。具体的には郵政三事業（郵便，簡易保険，郵便貯金）と特殊法人の民営化である。

郵政民営化は行政改革の本丸と位置づけられた。2004年の「郵政民営化の基本方針」により，郵政公社の機能の市場開放，国民負担の最小化，国民の貯蓄を経済活性化につなげることが目的と掲げられた。2007年，日本郵政グループが発足し，民営化が実現した。

また，2005年には，当時は特殊法人であった道路関係四公団（日本道路公団，首都高速道路公団，阪神高速道路公団，本州四国連絡橋公団）を，高速道路の建設・管理・料金徴収を行う6会社（東日本高速道路株式会社，中日本高速道路株式会社，西日本高速道路株式会社，首都高速道路株式会社，阪神高速道路株式会社，本州四国連絡橋高速道路株式会社）と，高速道路の保有・債務償還を行う機構（独立行政法人日本高速道路保有・債務返済機構）に再編した。

さらに2006年には「簡素で効率的な政府を実現するための行政改革の推進に関する法律」（行政改革推進法）が成立した。この法律の成立より，日本の

行政改革は本格化する。以下，具体的な取組み事例を掲げる。

第1は公務員改革である。2007年の改正国家公務員法により，いわゆる「天下り」（各府省によう再就職のあっせん）を全面的に禁止し，官民人材交流センターに再就職支援を一元化した。

第2は総人件費改革である。2006年度から2010年度にかけて，国の行政職員の定員5.7％純減を達成し，給料構造の改革によって俸給水準を7％引き下げた。これらの結果，国家公務員人件費は削減された。

第3は特別会計改革である。特別会計は，一般会計とは区分経理することで，事業ごとの収入と支出を明確化するために設置される会計であるが，さまざまな問題が指摘されていた。財政の一覧性が乏しくなること，無駄な支出がなされていること，多額の剰余金や積立金が存在することである。そのため，2007年に31ある特別会計を17に統廃合すること，支出を見直すこと，特別会計の剰余金・積立金を財政再建に活用することが決められた。

第4は国の資産の圧縮である。2015年度末までの10年間で，国の資産の対GDP比半減を目指し，財政投融資による貸付金残高の圧縮や，国有財産と政府保有株式の売却が進められた。後者については，庁舎や宿舎の跡地などの未利用国有地，日本郵政や日本政策投資銀行の株式の売却が実施された。

第5は補助金の交付を受けた法人の基金の見直しである。2006年と2008年の2度にわたり，個々の法人ごとに基金の保有状況や必要性を精査し，見直しが必要な場合は基金を国庫に返納させた。

第6は歳出の総点検である。2009年度には，無駄な歳出をゼロにすることを目的として，公益法人や特別会計への支出，行政コストの節減・効率化，政策の必要性・有効性・効率性の観点からの見直しを実施した。

以上の取組みの他に，地方分権改革，規制改革，公共サービス改革，独立行政法人改革，政策金融改革，公益法人制度改革，電子政府・電子自治体の推進なども実施されてきた。このように，行政改革は非常に多面的な取組みであることがわかる。

とりわけ，2009年から始まる民主党政権によって導入された**事業仕分け**は，歳出の評価を行政に持ち込んだ点で興味深い。事業仕分けは，もともとはシンクタンク構想日本によって地方自治体を対象に実施されていた手法を，民主党

政権が国の予算編成に取り入れたことが発端であった。

　事業仕分けでは，対象となった事業の内容を省庁の事業担当課が説明し，それを公開の場で，国会議員や民間有識者が評価するという手法を採用した。その結果，その事業を廃止，縮減，改善，継続といった判定を行う方法であった。

　2012 年に自民党・公明党政権が復帰してからも，事業仕分けは行政事業レビューと名称を変えて，内容を改善して持続している。次項では，行政事業レビューの取組みを中心に行政改革について述べる。

　なお，上記はほとんどが国の行政改革を念頭においた記述になっているが，地方自治体においても行政改革は不可欠である。地方自治体の行政改革を地方行革と呼ぶことがある。

▶ 5.2.2　制度：行政評価・行政改革の制度

　国でも地方自治体においても，図 5-8 にあるような政策，施策，事務事業

■図 5-8　政 策 体 系

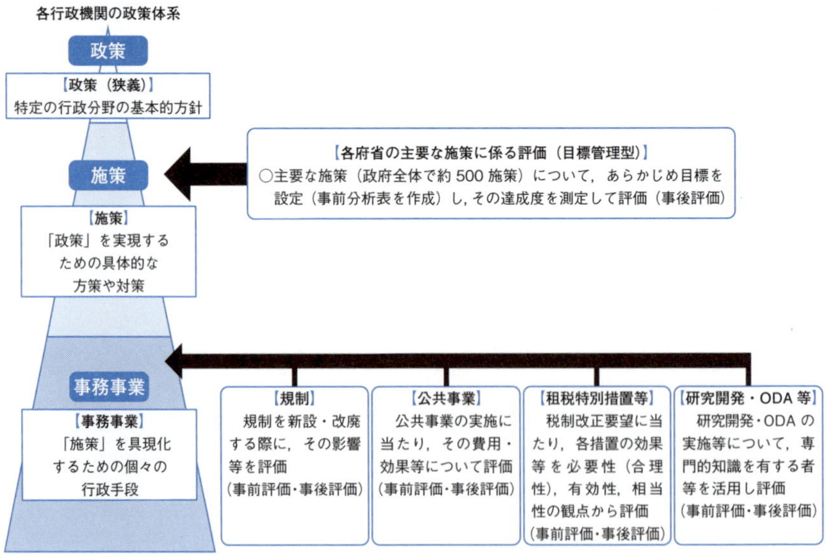

（出所）総務省「政策評価ポータルサイト」より引用。
https://www.soumu.go.jp/main_sosiki/hyouka/seisaku_n/000065209.html#label4

という3つの段階からなる政策体系によって，政策目標を達成しようとする。政策目標とは，国ならば内閣が目指すビジョンであり，地方自治体の場合は総合計画のように，国民や住民に対して提示される政府が目指す社会経済像である。

国であれば，「人口減少問題」や「少子高齢化問題」といった国レベルの社会課題に対して，さまざまなビジョンが作成され，公表されている。こういったビジョンは，外部有識者が策定に関わることが多い。地方自治体の場合は，まちづくりのビジョンともいえる総合計画が該当し，住民が参加して策定されることもある。これらのビジョンを実現するために，何をすべきかの政策体系が決められる。

国でも地方自治体でも，特定の行政分野ごとの基本的な方針として政策が決まる。その基本的な方針を実現するための具体的な方策や対策として施策を決める。それら施策を具現化するための個々の行政手段が事務事業である。政策よりも施策，施策よりも事務事業の数は多くなる。

したがって，国のビジョンや地方自治体の総合計画による政策目標が決まるならば，政策，施策，事務事業の順番に決めていくことになる。地方自治体の場合，たとえば政策が「地域の産業振興」であれば，施策は「農業振興」や「漁業振興」のようになる。前者の施策「農業振興」の事務事業には「農業経営体の育成」「農業生産基盤の整備」「農産物のブランド確立」などが掲げられる。

多くの場合，行政職員が向き合うのは事務事業となる。以上のように，図5-8にあるピラミッド型の政策体系によって，ビジョンや総合計画を実現させるのが国や地方自治体である。

こういった政策体系の仕組みを踏まえれば，ビジョンや総合計画の当初の目標を，政策，施策，事務事業が，いかに達成しているかを評価し，評価結果に基づいて政策体系を改善することが重要となる。これが行政評価と呼ばれる取組みである。行政評価は，政策評価，施策評価，事務事業評価の各段階で実施される。

国の場合は，総務省行政評価局が施策評価を，内閣官房行政改革推進本部が事務事業評価を実施している。後者が行政事業レビューである。主に外部有識

者が施策や事務事業の内容を点検し，改善点を行政に示す仕組みである。これは**外部評価**である。

　地方自治体の場合は，国で実施しているような行政評価の仕組みをもつ場合もあれば，もたない場合もあり，もつ場合もさまざまな方法が実施されている。たとえば，行政改革に関わる審議会を立ち上げ，その審議会の外部有識者が行政評価を行う外部評価の場合もあれば，内部の行政職員による**内部評価**にとどまる場合もある。

　行政評価は，**必要性**，**有効性**，**効率性**の3つの観点から実施されることが多い。必要性では，その政策・施策・事務事業がそもそも必要なのかを，ビジョンや総合計画に沿って点検する。有効性では，成果・効果が上がっているかを点検する。効率性は，費用がかかりすぎていないかを点検する。

　なお，地方自治法第2条14には，「地方公共団体は，その事務を処理するに当たっては，住民の福祉の増進に努めるとともに，最少の経費で最大の効果を挙げるようにしなければならない」とある。ここにある「最少の経費で最大の効果」とは，有効性と効率性だと考えられる。有効性とは同じ費用のもとで効果を最大化することであり，効率性とは同じ効果のもとで費用を最小化することである。

　こういった行政評価の成果は，次の予算編成に反映させることで行政改革につなげることが必要になる。

▶ 5.2.3　行政改革の理論

　図 5-9 に行政改革の理論を示した。ある政府（国または地方自治体）が，公共サービス X（横軸）と Y（縦軸）を供給している。この政府が資源（資本や労働など）を効率的に使う場合，生産可能性フロンティア FF の曲線上で公共サービス X と Y の組合せを供給することが効率的である。しかし，生産可能性フロンティア内部の非効率な組合せ A 点（X^* と Y^*）の場合，社会的無差別曲線は満足度が低くなってしまう。

　そこで行政改革を行い，資源を無駄なく活用することで，B 点（X^{**} と Y^*）が実現できれば，高い社会の満足度を実現できる。これは効率性の改善である。また，C 点（X^{***} と Y^{***}）は生産可能性フロンティア FF 上にあるため，効

■図 5-9　行政改革による効率性と有効性の向上

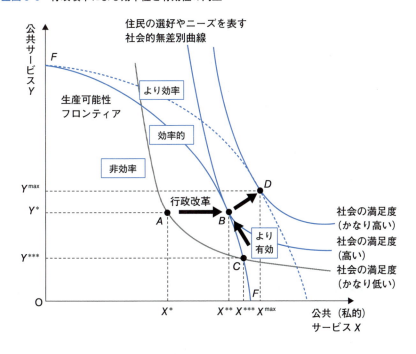

率的ではあるが，社会的無差別曲線の満足度はかなり低い。そこで行政改革によって B 点へ移動することで，社会の満足度を高めることができる。これは有効性の改善である。

　ここで，政府だけの資源でなく，私的な資源も活用できるとして，横軸は私的サービス X だと想定する。つまり，公共サービス X は民営化など民間活用によって私的サービスに転換できると考える。この場合，生産可能性フロンティアは，図 5-9 の点曲線のように拡大できるかもしれない。D 点（X^{max} と Y^{max}）では，社会の満足度はより高くなる。これが行政改革によって実現すべき状態である。

　以下では，行政改革のための行政評価を実施する際に重要な考え方をいくつか述べる。事務事業を例として考えよう。

■図 5-10　PDCA サイクルのイメージ

(出所）内閣官房行政改革推進本部事務局「これでわかる！行政事業レビュー——PDCA サイクルで国の「仕事」を改善する——」より引用。

　第1は図 5-10 にある **PDCA サイクル**である。まず，事業を計画（Plan）し，いったん事業を実施（Do）する。その結果を点検・評価（Check）し，事業を改善（Action）するという一連の流れである。ここで行政評価は点検・評価（Check）であり，行政改革は改善（Action）に相当する。

　第2に，行政評価において重要となるのが，その事務事業の**ロジックモデル**を描くことである。図 5-11 にはロジックモデルの考え方を示している。ある事務事業の現状把握，課題設定，成果目標を明確化し，成果につながる**インプット**（資源）→**アクティビティ**（活動）→**アウトプット**（活動目標・実績）→**アウトカム**（成果目標・実績）→**インパクト**（影響）に分解してロジックの順番に並べたものである。

　ロジックモデルを描くためには，その事務事業によって，どのような社会の状態をつくりたいのか，その事務事業が成功したときの望ましい状態をイメージすることで，最終目的を設定する必要がある。その後，現状の社会の状態を把握し，望ましい状態とどれくらい乖離があるかを考えることで，課題設定を行う。この事務事業を行うことで，どのような成果（アウトカム）を得られる

■図 5-11　ロジックモデルの例

現状把握・課題設定	インプット（資源）	アクティビティ（活動）	アウトプット（活動目標・実績）	アウトカム（成果目標・実績）	インパクト（国民・社会への影響）
事業を行う背景（現状），解決すべき問題・課題	事業実施のために投入する予算等	実施する事業の内容	事業の活動目標・実績	事業活動を通じて得られる成果目標・実績。必要に応じて，事業活動の波及効果の時間軸に沿って，短期・中期・長期などと区分できる ※短期アウトカムは事業活動を通じて期待される短期的成果，中期・長期アウトカムはそれぞれ短期的成果・中期的成果の後に波及的に期待される成果を言う	事業活動を通じて実現すべき最終目的

（出所）内閣官房行政改革推進本部事務局資料より引用。

かを考える。その成果を上げるために，どのような活動（アクティビティ）が必要で，そのためにどれくらいの資源（インプット），すなわち予算が必要なのか，さらにはどれくらいの時間が必要かを考えることになる。

　ここで重要なのは，アウトカムの設定である。アウトカムは，行政ではコントロールができないが，コントロールしたい成果である。たとえば，ある事務事業が「地域活性化の実現」を最終目的とする場合，アウトカムとしては，人口の増加，地域の付加価値の増加，ある施設の稼働率の向上などが考えられる。こういったアウトカムの指標は，データとして取得できるものが望ましい。

　一方，アウトプットは行政が直接コントロールできるものである。「地域活性化の実現」を最終目的とする事務事業においては，たとえば，地域施設の整備数，地域産品のブランド確立数，といったものが考えられる。これらのアウトプットを生み出すためのアクティビティとして，地域施設の整備，地域産品のブランド活動などがあり，インプットとして，それらを実施するための予算が示される。したがって，ロジックモデルも政策体系と同様に，最終目的から作成される。

このようなロジックモデルをもとにして，行政評価が実施されることが望ましい。ロジックモデルは，事務事業を実施する前に想定する因果関係の仮説であり，実際に事務事業が成果を上げるかは，実施しなければわからない。だからこそ，PDCAサイクルが重要になる。特に，インプット→アウトプットの関係，アウトプット→アウトカムの関係が存在するかの検証が必要である。

第3に，EBPM（Evidence-Based Policy Making：証拠に基づく政策立案）という考え方である。これは，思いつきやエピソードではなく，科学的根拠のある情報（エビデンス），たとえば統計データを政策評価や行政改革に活用するという考え方である。特に，アウトカム（成果）指標については，エビデンスを重視することが求められる。

以上，PDCAサイクル，ロジックモデル，EBPMの考え方をもとにすれば，次のような既存事業の見直し原則，新規事業の組み立て原則を考えることができる。ここでは，行政評価の対象となる事務事業について，有効性と効率性をどのように評価するかを考える。

まず，既存事業の見直し原則である。PDCAサイクルならば，すでに実施（Do）された事務事業を点検・評価（Check）するための原則である。

第1に有効性をチェックする。アウトカム（成果）指標が正しくない場合は，事業目的に合ったアウトカム（成果）指標を設定し直す。アウトカム（成果）指標は正しく設定されているものの，改善していない場合は，ボトルネックは何かを検証して解消する。たとえば，手段の変更などが考えられる。なお，どうしてもアウトカム（成果）指標が設定できない事務事業の場合は，効率性のチェックに入る。

第2に効率性をチェックする。単位あたりコスト（総コスト÷アウトプット）が増加している場合は，コスト増要因を探り，コスト抑制ができないかを検討する。アウトカム（成果）指標が設定できないが，必要性の高い事務事業の場合は，最少コストでの実施を目指す。本来，成果を強調できないならば，事務事業は存続できないはずだが，それでも必要性が高い場合は最少コストでの実施が望ましい。

以上の原則で既存事業の見直しがなされなければ，非効率な事務事業が温存される。

次は新規事業の組み立て原則である。PDCAサイクルならば，計画（Plan）に該当する原則である。

第1に，事業目的に合ったアウトカム（成果）指標をもつことである。エビデンス（データ）として取得可能なアウトカム（成果）指標を採用することが望ましい。エビデンスとしてアウトカム（成果）指標を取得できない事務事業の実施は避けるべきである。また，事務事業の終期を定めておくことも重要である。

第2に，終期におけるアウトカム（成果）指標の目標値を定める。終期までが長い事務事業は，アウトカム（成果）指標の中間目標値を定める。そして，想定通りのアウトカム（成果）を著しく下回る場合の撤退基準を事前に決めておくべきである。

以上の原則で新規事業を組み立てなければ，非効率な事務事業が実施されることになる。

ここでは，事務事業を例として，事務事業評価と改善の手法を紹介したが，事務事業よりも上位の概念である施策や政策についても，評価と改善が不可欠である。こういったPDCAサイクルの確立により，行政の効率性と有効性が高まるのである。

第6章

国と地方の関係から考える財政学

6.1　政府間関係

▶ 6.1.1　実際：国と地方の財政の関係

　本章では，国と地方自治体の財政関係，すなわち政府間関係について学ぶ。財政学では，国を中央政府，地方自治体を地方政府としてとらえることがある。双方とも政府であり，その間には資金のやりとりがあるため，政府間関係が存在する。

　一般的に，公共サービスについては，ナショナル・ミニマムと呼ばれる最低限に満たされるべき水準が存在すると考えられる。日本の国土は比較的広く，国，都道府県，市町村といった多段階の政府が存在する。国から地方自治体への財政移転がなければ，地域の経済力の格差が地方自治体の財政力格差につながり，公共サービスの水準の差を生むだろう。その場合，ナショナル・ミニマムを満たせない地方自治体が出てくるかもしれない。

　図6-1には，国の予算と地方財政の関係が示されている。左側が国の予算で，一般会計の歳入と歳出である。すでに第1章「政府の借金から考える財政学」で学んだように，税収だけでは歳出を賄えないことから，公債発行による公債金による収入に依存している。

　この図の中央には，交付税及び譲与税配付金特別会計（以下，交付税特会と呼ぶ）の歳入と歳出も示されている。交付税特会は国の特別会計であり，地方

129

■ 図 6-1 国の予算と地方財政計画（2024年度当初）

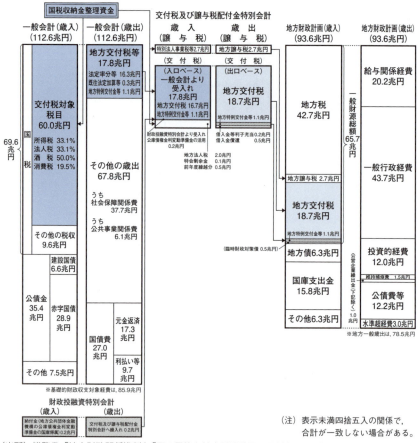

（出所）総務省「地方財政関係資料」「国の予算と地方財政計画の関係」より引用。
https://www.soumu.go.jp/iken/11534.html

自治体に**地方交付税**と地方譲与税を配布するための会計である。ここでは地方交付税に着目する。

国の一般会計の歳出にある地方交付税が，交付税特会の**入口ベース**の歳入になる。2024年度現在，入口ベースの地方交付税は，国税の所得税と法人税の税収の33.1％，酒税の50％，消費税の19.5％，地方法人税の全額と決められている。これらの割合を**交付税率**と呼ぶ。

130

交付税特会の歳出から**出口ベース**の地方交付税が，右側にある地方財政計画の歳入に入る。交付税特会の入口ベースよりも出口ベースの地方交付税が大きく，その財源不足を賄うため，交付税特会は財政投融資から借入を行っている。これが**臨時財政対策債**であり，国と地方が折半して将来的に返済することになっている。

右側の**地方財政計画**は，国が作成するマクロの地方財政の計画であり，地方自治体が標準的な行政水準を確保できるよう，財源を保障する役割がある。地方財政計画の歳出には，標準的な行政水準における歳出の金額が示され，歳入には，歳出を賄う地方税の税収，国から支出される補助金である**国庫支出金**，そして地方交付税などが示される。

図 6-2 には，地方の歳入純計額の構成費の推移が示されている。この図は，すべての地方自治体の平均であることに注意すべきだが，全体的な傾向は把握

■図 6-2 地方の歳入純計決算額の構成比推移（2022 年度）

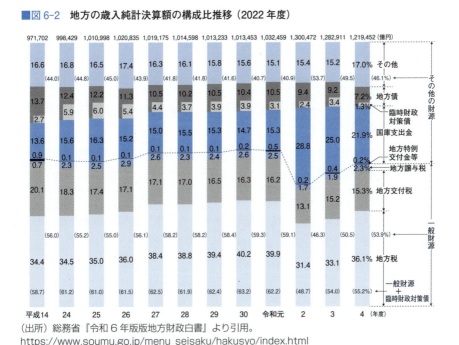

（出所）総務省『令和 6 年版地方財政白書』より引用。
https://www.soumu.go.jp/menu_seisaku/hakusyo/index.html

できよう。地方税の税収は歳入全体の約4割，地方交付税は約1.5割，国庫支出金は約1.5割，地方債は約1割となっている。すなわち，地方自治体が公共サービスを供給する上で，国から地方へ移転される地方交付税と国庫支出金は，地方財政にとって重要な財源である。本章は，主に地方交付税と国庫支出金について学ぶ。

▶ 6.1.2　制度：地方交付税の仕組み

　国の一般会計から地方財政へ支出される地方交付税と国庫支出金のうち，ここでは地方交付税の制度について取り上げる。国庫支出金については，次のトピックで扱う。

　地方交付税は，普通交付税と特別交付税の2つに分けられる。特別交付税は，普通交付税の算定の際に考慮できない災害などによる財政需要の増加に備えるものである。地方交付税のうち大部分の94％は普通交付税であることから，ここでは普通交付税の制度について説明する。

　地方自治体は，どれだけ条件が不利な地域で税収が乏しくても，住民が住む限り，一定の公共サービスを提供しなければならない。しかし，地方自治体の自助努力では，必要な公共サービスのための財源が確保できない場合がある。そこで地方交付税は，どの地域に住む住民にも一定の行政サービスを保障する財源保障機能をもつ。同時に地方交付税は，地方自治体間の財政力の格差を是正し，財源の均等化を図る財政調整機能ももっている。

　先の図6-1では，マクロの地方交付税の金額が示されているが，個々の地方自治体の普通交付税の金額については示されていない。図6-3には，個々の地方自治体の普通交付税の決定方法の例が示されている。

　普通交付税は，A市の標準的な行政水準である基準財政需要額100億円から，標準的な地方税収入見込額80億円の75％である基準財政収入額60億円を差し引いた財源不足額40億円（＝100億円－60億円）に対して，国から交付される。

　基準財政需要額は，A市の財政需要を合理的に測定するため，各行政項目別の測定単位に補正を加え，これに単位費用を乗じた金額を合算することで求められる。

■図 6-3　普通交付税の決定方法の例

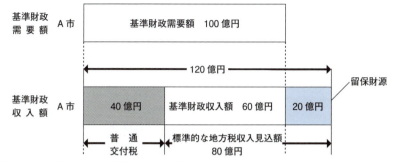

（出所）総務省「地方財政関係資料」「地方交付税の性格」より引用。
https://www.soumu.go.jp/iken/11534.html

> 基準財政需要額＝単位費用×測定単位×補正係数

たとえば，消防費ならば，架空の人口をもつ標準的な地方自治体を想定して，その地方自治体における標準的な消防費を，架空の人口で除算することで単位費用が計算される。単位費用は全国一律の数字である。

そこに測定単位として，A 市の人口を掛け合わせることで，消防費の基準財政需要額が得られる。費目によっては，スケールメリットや都市形態などを考慮するため，補正係数を乗じることがある。各費目の基準財政需要額を合計すれば，図 6-3 の基準財政需要額の合計が得られる。

一方，基準財政収入額を得るには，標準的な地方税収入見込額を計算する必要がある。A 市における標準的な地方税収入とは，地方税法に規定された標準税率で得られる A 市の税収である。地方自治体は，超過課税という増税や，地方税法に規定されていない法定外税（いわゆる独自課税）を課税できるが，それらの税収は標準的な地方税収入には該当しない。なお，標準的な地方税収入見込額は，標準的な地方税収入の実績額に地方財政計画の伸び率を用いて見込額を計算する。標準的な地方税収入見込額の 75％と地方譲与税の合計が基準財政収入額になる。

> 基準財政収入額＝標準的な地方税収入見込額×75％＋地方譲与税等

　以上のようにして得られる基準財政需要額から基準財政収入額を差し引いた財源不足額がプラスならば，普通交付税が交付される交付団体，マイナスならば交付されない不交付団体となる。

　なお，2024年度において，47都道府県のうち交付団体数は46，不交付団体数は1（東京都）である。1,718市町村（特別区を除く）の不交付団体数は72である。このように，ほとんどの地方自治体が交付団体になっている（総務省『地方財政白書』「普通交付税交付・不交付団体数の状況」より）。

　さて，標準的な地方税収入見込額に，超過課税や法定外税が算入されていないことが重要である。仮に，これらが標準的な地方税収入見込額に算入される場合を考えよう。この場合，ある交付団体の地方自治体が，超過課税や法定外税を設定すれば，増加した税収の75％が基準財政収入額に反映され，地方交付税が減額される。これでは地方自治体が自主的に税収を確保するインセンティブが損なわれる。そのため，超過課税と法定外税は基準財政収入額に算入しない。

　また，標準的な地方税収入見込額の25％は留保財源と呼ばれ，基準財政収入額には反映されないことも重要である。仮に，標準的な地方税収入見込額の100％が基準財政収入額になる場合を考えよう。この場合，ある交付団体の地方自治体が，企業を誘致したり，住民を増やすなど，地方税収を増やす努力をしたにもかかわらず，その分の地方税収が100％基準財政収入額になることで，地方交付税が減額されてしまう。これでは，地方自治体が努力して地方税収を増やすインセンティブが損なわれてしまう。そのため，標準的な地方税収入見込額の75％を基準財政収入額とし，25％部分は留保財源とすることで，税源涵養を促す仕組みをもっている。

　図6-1の右側にある地方財政計画の歳入（または図6-2）の地方税，地方譲与税，地方交付税は，一般財源を構成し，その使途は地方自治体の自主的な判断に委ねられている。したがって，地方自治体にとって，一般財源を増やすことはとても重要になる。一方，図6-1の右側にある地方財政計画の歳入（または図6-2）の国庫支出金と地方債は特定財源であり，使途が限定された財源

である。

6.1.3　理論①：普通交付税による地域間所得再分配

　地方自治体ごとの普通交付税の決定方法に注目しながら，普通交付税の地域間所得再分配について考えてみる。図 6-4 は，すべて住民 1 人あたりの金額で図示されており，横軸に地方税の 1 人あたり課税ベース，縦軸に 1 人あたりの財政変数をとっている。したがって，横軸に沿って右にいくほど課税ベースが大きくなり，裕福な住民が住む地方自治体になる。以下の説明で「1 人あたり」は省略する。

　課税ベースが大きくなれば，標準的な地方税収入＋地方譲与税等 OB も大きくなるため，右上がりの直線になる。基準財政収入額 OC は，標準的な地方税収入の 75％を乗じて地方譲与税等を加えるから，OB よりも傾きは緩やかになる。OB と OC の縦の差は留保財源である。また，基準財政需要額 AD は，課税ベースとは無関係に OA で一定であると考える。

■図 6-4　普通交付税による地域間所得再分配

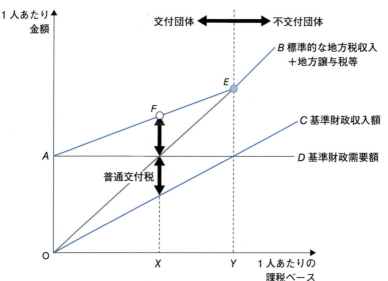

（備考）簡単化のため，地方譲与税等はゼロとして作図している。

コラム 6.1　地方自治体の税収格差

　地方交付税は，地方税収と地方交付税を合わせた1人あたり一般財源を均等化させることで，地方自治体間の公共サービスの財源を保障し，格差を生じさせないようにする役割がある。それでは，地方自治体間の地方税収の格差は，どのような状況になっているのであろうか。

　図6-5は，2022年度における地方税収（都道府県と市町村の合計）を都道府県単位で集計し，全国の1人あたりの地方税収の平均値を100とした場合の都道府県の指数である。東京都は150を超えており，圧倒的に1人あたりの地方税収が大きいことがわかる。その一方で，70程度の府県もあり，東京都との税収格差は2倍以上である。

　この数字は，図6-4の標準的な地方税収入に該当する。図6-4では，右にいくほど1人あたり課税ベースが大きくなり，裕福な地方自治体を意味していた。こういった税収格差が公共サービスの格差につながらないよう，地方交付税の仕組みが存在するのである。

■図6-5　人口1人あたり地方税額の指数（2022年度）

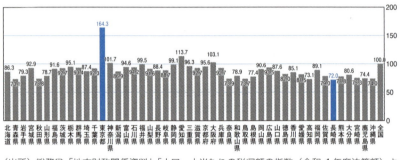

（出所）総務省「地方財政関係資料」「人口一人当たりの税収額の指数（令和4年度決算額）」より引用（https://www.soumu.go.jp/iken/11534.html）。

　このとき，普通交付税の金額は，基準財政需要額 OA から基準財政収入額 OC を差し引いた縦の金額で示される。標準的な地方税収入＋地方譲与税等 OB に普通交付税を縦に加えれば，一般財源 AEB が得られる。たとえば，課税ベースが X の水準の地方自治体 X は，矢印で示す部分の普通交付税を受ける。その結果，地方自治体 X の一般財源の大きさは XF になる。

　課税ベースが大きくなるほど普通交付税は減少する。課税ベースが Y のとき，基準財政需要額と基準財政収入額が等しくなり，普通交付税はゼロになる。そのため，一般財源 AEB が折れ曲がる E 点を境にして，左側が交付団体，右側が不交付団体を示す。E 点が右に寄るほど，普通交付税の金額が増え，地域

間所得再分配が強化される。しかしながら，AEB が屈折して傾きをもつため，完全に地方自治体の1人あたり一般財源が平等になることはなく，ある程度の不平等が残る仕組みになっている。

　課税ベースと税制を所与とするとき，E 点の位置は基準財政需要額 AD の高さ OA と基準財政収入額 OC の傾きによって決定される。単位費用，測定単位，補正係数が大きくなれば OA も大きくなり，標準的な地方税収入に乗じる75％を低めれば OC の傾きは小さくなり，E 点は右へ移動し，地域間所得再分配を強化できる。しかし，これらを実施すれば，普通交付税の交付のために多くの財源が必要になる。

▶ 6.1.4　理論②：地方自治体の人口規模

　地方交付税のような地域間所得再分配を実施するのは，地方自治体に地方税などの十分な自主財源がないという理由だけでなく，公共サービスの供給能力に格差があることも重要な要因である。多くの地方自治体に，公共サービスの供給能力が十分に備わっている場合，地方交付税の規模はより少なくてすむ。

　地方自治体の公共サービスの供給にかかる費用，具体的には歳出額や基準財政需要額は，地方自治体の人口規模と関係する。図 6-6 のように，縦軸に1人あたり費用，横軸に地方自治体の人口規模をとった場合，費用 C は U 字型を描く。地方自治体の人口が少ない場合，公共サービスの供給コストが高くなるが，人口が増えるにつれて1人あたりの費用は逓減し，ある人口規模を超えると再び増加する。

　公共サービスを利用する住民がある程度いなければ採算がとれず，逆に住民が多くなれば面積も広くなるから，供給コストが増加する。費用は供給能力の裏返しであるから，ある程度の人口規模ならば規模の経済によって公共サービスの供給能力が高まるが，人口規模が大きすぎると逆に落ちていく。

　図 6-6 によれば，地方自治体の人口規模 N^* において1人あたり費用は Y 点で最小化する。もし，人口規模 N^* よりも少ない人口の地方自治体が多い場合，公共サービス供給の効率性のためには，地方自治体がある程度の人口規模を確保する広域行政が要求されることを示している。

　しかしながら，Y 点は1人あたり費用の最小点であって，住民にとっての最

■図 6-6　地方自治体の最適人口規模

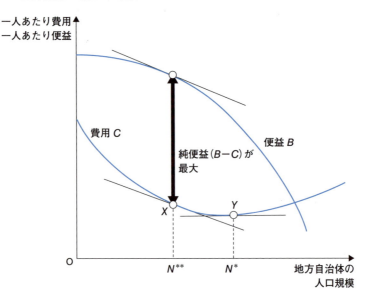

適な人口規模ではない。ここで，住民の1人あたり便益 B は，人口規模が大きくなるほど，公共サービスに対する混雑現象が生じて逓減すると考えよう。たとえば，学校に就学する生徒が増加して1クラスあたりの生徒数が増えれば，生徒1人あたりの教育サービスからの便益は低下する。図 6-6 では縦軸に1人あたり便益 B を描く。

このとき，1人あたり便益 B から1人あたり費用 C を差し引いた純便益が最大になる X 点で，この地方自治体の最適な人口規模 N^{**} が得られる。このように，公共サービス供給の費用だけでなく，住民の便益も考えれば，広域行政とは逆の狭域行政が求められる可能性もある。なお，ある公共サービスが，人口規模に対して混雑現象を生じない場合は，X 点と Y 点は一致し，費用最小化人口規模が最適な人口規模に等しくなる。

図 6-6 は，あたかも1つの公共サービスが実施されているように描かれているが，実際の地方自治体はさまざまな公共サービスを実施している。そのため，個々の公共サービスで，純便益が最大になる人口規模 X 点が存在し，究

極的には，公共サービスごとに地方自治体を形成することが最適になるかもしれない。しかし，それでは，1人の住民が，複数の異なる範囲の地方自治体に参加するような複雑な事態が発生し，それぞれの地方自治体の議会の意思決定が複雑になるなど，別のコストが生じて非効率性を招くだろう。

現実的には，都道府県と市町村の区分によって，供給する公共サービスに違いを設けている。市については，人口規模などの要件で，**政令指定都市**（50万人以上），**中核市**（30万人以上），**特例市**（20万人以上），**一般市**（5万人以上）で指定されている。なお，**市町村合併**によって行政区域が拡大することがあれば，特定の事務事業について広域で対応する**一部事務組合**，さらには複数の地方自治体が形成する**広域連合**といった形態もみられる。

6.2　地方公共サービスと補助金

▶ 6.2.1　実際：目的別歳出と性質別歳出

国防や外交のように，一国全体に便益を及ぼす公共サービスは国が供給するが，ほとんどの公共サービスは，地方自治体によって供給される**地方公共サービス**である。地方公共サービスは，便益の範囲が限られるという性質をもつ。そのため，原則的には便益の範囲を管轄する地方自治体が供給を担うことになる。

ここで，具体的に地方自治体の公共サービスをみていこう。地方自治体の公共サービスは，**目的別歳出**と**性質別歳出**によって区分できる。

図 6-7 上図は目的別歳出を示している。目的別歳出は，行政目的に従った区分である。大きい歳出項目として民生費と教育費がある。民生費は社会保障関係の支出である。**図 6-7** 下図は性質別歳出を示している。性質別歳出は，経費の経済的な性質に従った区分である。義務的経費には人件費，扶助費，公債費が含まれる。投資的経費は，道路，橋りょう，公園，公営住宅，学校などの建設に要する普通建設事業費や，災害復旧事業などが該当する。投資的経費は補助事業費と単独事業費に分けられる。

■図 6-7　地方自治体の目的別歳出と性質別歳出（2022年度）

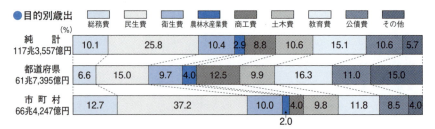

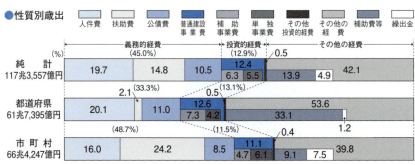

（出所）総務省『令和6年度版地方財政白書』より引用。
https://www.soumu.go.jp/menu_seisaku/hakusyo/index.html

6.2.2　制度：国庫支出金

　6.1 節では，地方交付税交付金を学んだが，ここでは地方交付税交付金と同様に国から地方自治体に支出される国庫支出金を取り上げる。国庫支出金は，一般的には補助金と呼ばれることがある。地方交付税交付金が原則的には支出目的が定められていない一般財源である一方で，国庫支出金は支出目的が定められている特定財源である。

　たとえば性質別支出の普通建設事業費にある補助事業費には，国から地方自治体に国庫支出金が交付されている。一方，単独事業費は地方自治体の一般財源での事業であり，国庫支出金は財源ではない。

　国庫支出金は，国庫負担金，国庫委託金，国庫補助金の3つに分けられる。表 6-1 には，それらの内容を示した。

■表6-1 国庫支出金の内訳と内容

		対象経費等
①国庫負担金	(1) 一般行政経費に係る国庫補助負担金	義務教育職員及び養護学校の小・中学校教職員の給与等，生活保護，麻薬取締，各種措置費，職業能力開発，地籍調査並びに義務教育諸学校及び養護学校小・中学校部の建物の建設等に要する経費等に要する経費
	(2) 建設事業費に係る国庫負担金	道路，河川，港湾，林道，漁港等の新設，改良，地すべり防止事業，都市計画事業，公営住宅及び社会福祉施設の建設，土地改良，失業対策事業等に要する経費
	(3) 災害復旧事業等に係る国庫負担金	災害救助事業，道路，河川，港湾，林道，漁港，都市計画事業による施設，公営住宅，学校，社会福祉施設，保健衛生施設，土地改良による施設等の災害復旧に要する経費
②国庫委託金		国会議員の選挙，国が専らその用に供することを目的として行われる統計・調査，外国人登録，検疫，健康保険，自作農の創設，未引揚邦人の調査等に要する経費
③国庫補助金	(1) 補助金	都道府県警察費補助金，廃棄物処理施設整備費補助金，農業構造改善事業費補助金，在宅福祉事業費補助金等
	(2) 交付金	国有提供施設等所在市町村助成交付金，交通安全対策特別交付金，電源立地促進対策等交付金，特定防衛施設周辺整備調整交付金，地方道路調整臨時交付金，協同農業普及事業交付金，農業委員会交付金等
	(3) 補給金	交付地方債元利償還金等補助金，産炭地域振興事業債調整分利子補給金，新産業都市等建設事業債調整分利子補給金

国庫負担金は，国が地方自治体と共同で行う事務事業に対して一定の負担のルールに基づいて国が交付する。国庫委託金は，本来は国の事務事業であるが，地方自治体に任せたほうが効率的な場合，その経費の全額を国が負担する。国庫補助金には，国が政策的に特定の施策を推進または奨励するために交付する奨励型補助金と，国が特別に援助する必要があると考えるときに交付する援助型補助金がある。

また，補助の対象となる事業が定められており，その事業に対して定額の補助を行う定額補助金，事業の金額の一定割合（補助率）を補助する定率補助金がある。ほとんどが定率補助金である。

たとえば，ある地方自治体が補助事業で10億円の道路を建設する状況を考える。補助率が50％の場合，この地方自治体は国庫支出金5億円を国から交付される。残り5億円は，この地方自治体の負担（裏負担もしくは補助裏という）となる。地方自治体の負担は，地方債と一般財源によって賄う。なお，地

方自治体の負担のうち，地方債が発行できる割合を**起債充当率**と呼ぶ。

▶ 6.2.3　理論①：受益のスピルオーバーと補助金の経済効果

国庫支出金はなぜ必要なのだろうか。図6-8上図は，地方自治体Ａと地方自治体Ｂが隣り合い，地方自治体の公園の便益が行政区域の境を越える**スピルオーバー**が発生している状況を示している。

地方自治体Ａは域内の住民ａの負担で公園を建設する。行政区域の境がなければ，より大きな公園が望ましいが，国からの補助金がない場合，地方自治体Ａは小さい公園を建設しようとする。そこで国は地方自治体Ｂに税負担を課し，それを財源として地方自治体Ａへ補助金を交付する。地方自治体Ａは大きな公園を建設できる。

図6-8下図は，横軸に地方自治体Ａの公共財の数量，縦軸にそれぞれの地方自治体の住民の限界便益と限界費用を示す。

（1）補助金がない場合，地方自治体Ａが直面する公共財の限界費用がMC^*だとしよう。このとき，地方自治体Ａは住民ａの限界便益MB_Aと限界費用MC^*の交わるE点で公共財の数量X^*を決める。住民Ａの便益は□OX^*EM，負担は□OX^*ER，純便益は△REMとなる。

ただし，便益のスピルオーバーにより，住民ｂも地方自治体Ａの公共財を需要する。住民ａと住民ｂの限界便益を集計した社会の限界便益（MB_A+MB_B）を考えたとき，社会の純便益は□$REHL$となる。

（2）補助金（住民ｂの税負担）がある場合，地方自治体Ａの限界費用がMC^{**}に低下したとする。地方自治体Ａは住民ａの限界便益と新たな限界費用が交わるF点で，公共財の数量X^{**}を決める。このとき，社会の厚生□$OX^{**}IL$，負担□$OX^{**}IR$（＝住民ａの負担□$OX^{**}FS$＋住民ｂの負担□$SFIR$（＝補助金）），純便益△RILとなる。

（1）補助金がない場合に対して，（2）補助金がある場合は△EIHだけ純便益が増加する。そのため，公共財の便益のスピルオーバーが発生する場合は，補助金を交付することが社会的に望ましい。図6-8において，最適な補助率は（MC^*-MC^{**}）$/MC^*$となる。

なお，補助率が大きすぎて，地方自治体Ａの限界費用がMC^{***}まで低下す

■図6-8 スピルオーバーと補助金

(1) 補助金がない場合　　(2) 補助金がある場合

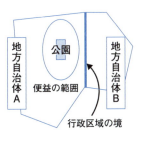
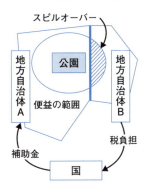

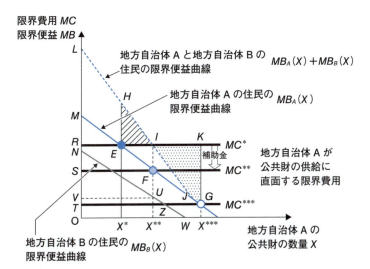

	限界費用	社会全体		純便益
		便益	費用（税負担）	
補助金なし	MC^*	□OX^*HL	□OX^*ER	□$REHL$
補助金あり	MC^{**}	□$OX^{**}IL$	□$OX^{**}IR$ （=□$OX^{**}FS$ +□$OX^{**}UV$）	△RIL

れば，公共財の数量はX^{***}となる。社会の便益□$OX^{***}GJL$，負担□$OX^{***}KR$（＝住民aの負担□$OX^{***}GT$＋住民bの負担□$TGKR$（＝補助金）），純便益（△RIL－□$IJGK$）となる。過大な公共財により，□$IJGK$の純便益が失われる。すなわち，適切に補助率が設定されなければ，逆に純便益が小さくなってしまう。

ところで，地方財政改革においては，国の権限と財源を地方自治体に移すため，国庫支出金を減らし，国の税収を地方自治体に移す税源移譲が目標となったことがあった。このように，特定補助金を減らして同額の一般財源を増やす

■図6-9 特定補助金の一般財源化

(1) 特定補助金の場合

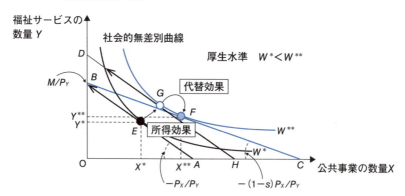

(2) 一般財源化の場合

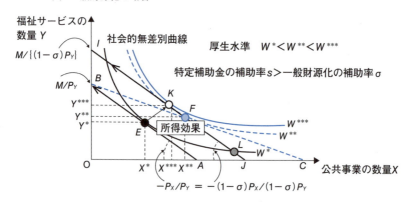

改革は，どのような影響をもつのだろうか。ここでは特定補助金の一般財源化について考える。図 6-9 を参照されたい。

地方自治体は価格 P_X の公共事業 X と価格 P_Y の福祉サービス Y のみを公共財として供給している。補助金がないとき，予算 M（$= P_X X + P_Y Y$）をすべて公共事業に使えば OA，福祉サービスに使えば OB となるから，予算制約線（$Y = -(P_X/P_Y)X + M/P_Y$）は AB となる。このとき，予算制約線と住民の社会的無差別曲線 W^* が接する E 点が均衡点となり，公共事業は X^* だけ供給される。

（1）特定補助金が公共事業 X のみに補助率 s として交付されるとき，予算制約線（$Y = -(1-s)(P_X/P_Y)X + M/P_Y$）が CB に拡大する。新たな社会的無差別曲線 W^{**} との均衡点は F 点となる。補助金により住民の厚生水準は改善される（$W^{**} > W^*$）。

補助金がないときの予算制約線と平行で，新たな社会的無差別曲線 W^{**} に接する補助線 DH を考える。このとき，E 点から F 点への移行は所得効果 EG と代替効果 GF の 2 つの効果に分解できる。

（2）一般財源化の場合，公共事業にも福祉サービスにも補助率 σ が交付されるとき，新たな予算制約線（$Y = -(P_X/P_Y)X + M/\{(1-\sigma)P_Y\}$）の IJ は当初の予算制約線 AB と平行である。一般財源化が（1）特定財源の金額と同額であれば，予算制約線 IJ は F 点を通る。新たな社会的無差別曲線 W^{***} に接する K 点において，公共財の配分が決定され，公共事業は X^{***} となる。（2）一般財源化では，予算制約線は平行シフトするため E 点から K 点の移動は所得効果のみとなる。住民の厚生水準は，特定補助金の場合よりも高い（$W^{***} > W^{**} > W^*$）。特定補助金の一般財源化は，同額の特定財源よりも，住民にとって望ましい効果をもたらす。

▶ 6.2.4　理論②：地方分権化は望ましいか

地方自治体が権限と財源をもって運営する仕組みが地方分権である。一方，国に財源と権限を集中し，地方自治体に指示を与える仕組みが中央集権である。図 6-10 に示すオーツ（W. E. Oates）の分権化定理は，地方分権が中央集権よりも望ましいことを示す。

■ 図 6-10　オーツの分権化定理

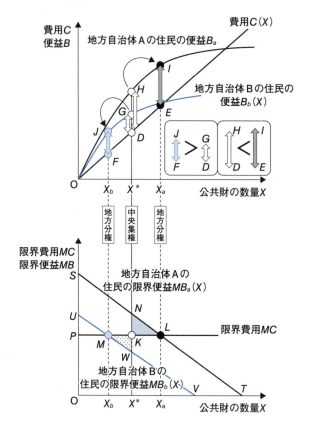

		便益		費用（負担）		純便益	
		住民 A	住民 B	住民 A	住民 B	住民 A	住民 B
中央集権	上図	X^*H	X^*G	X^*D	X^*D	DH	DG
	下図	□OX^*NS	□OX^*WU	□OX^*KP	□OX^*KP	□$PKNS$	△$PMU-$△MWK
地方分権	上図	X_aI	X_bJ	X_aE	X_bF	EI	FJ
	下図	□OX_aLS	□OX_bMU	□OX_aLP	□OX_bMP	△PLS	△PMU

ある国の中に，地方自治体 A と地方自治体 B があるとする。公共財の数量を横軸に，公共財から受ける便益と費用を縦軸にする図を描く。図 6-10 上図のように，地方自治体 A の住民のほうが，地方自治体 B の住民よりも，公共財の便益を大きく評価するとしよう。また，公共財を生産する費用は数量に応じて一定に増えるとする。

同じことを図 6-10 下図で表現する。縦軸には限界便益と限界費用を示している。それぞれの住民の限界便益は公共財の数量の増加とともに減少する。また，公共財の限界費用は一定である。

上図で，図が中央集権的に各地方自治体の公共財の数量を X^* に固定する状況を考える。このとき，住民 A の便益は $X^* H$，住民 B の便益は $X^* G$ となる。ここから費用 $X^* D$ を差し引けば，住民 A の純便益は HD，住民 B の純便益は GD となる。下図では，住民 A の純便益は □ $PKNS$，住民 B の純便益は △ $PMU - \triangle MWK$ となる。

次に地方分権の場合を考える。地方自治体は住民の純便益が最大となるように，公共財の数量をそれぞれ X_A と X_B とする。このとき純便益は，上図では住民 A は EI，住民 B は FJ，下図では住民 A は △ PLS，住民 B は △ PMU となる。中央集権よりも地方分権の純便益は（△ $MWK + \triangle KLN$）だけ大きく，地方分権が望ましいことがわかる。

オーツの分権化定理は，住民の移動を考えていなかった。住民の移動を考慮しても，地方分権が望ましいことを示そう。図 6-11（1）にあるように，公共財の負担に関する個人の選好がタイプ A〜C の 3 つに分けられるとしよう。タイプ A は負担が高くても大きな便益を好む。タイプ C は便益が小さくても低い負担を好む。タイプ B は彼らの中間である。なお，低い負担で高い便益を好むタイプの個人を想定しないのは，そのような政策が持続すると財政が破綻するからである。

このような個人が，a〜c の 3 つの地方自治体に住んでいるとする。地方自治体 a の政策は，公共財の便益は大きいが，それに応じて高い負担を住民に課す。地方自治体 c は，逆に低い負担で便益は小さい。地方自治体 b はその中間である。ここでの地方自治体は，自由に便益と負担の水準を決めることができ，地方分権が成立しているとしよう。

■図 6-11 ティブーの足による投票

(1) 個人の選好のタイプ

(2) 住民移住前の状態

(3) 住民移住後の状態

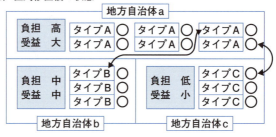

　当初は (2) 住民移動前の状態にあるとする。タイプAの住民にとって地方自治体aの政策は自分の選好に合うので望ましい。しかしタイプBとタイプCの住民は地方自治体aの政策に不満をもつ。

　同じことは地方自治体bとcにもいえる。図中に○で示したのは選好と政策が一致している住民である。彼らは住民移動を考えない。しかし，一致しない×の住民は，自らの選好にある政策を実施している地方自治体を求めて移動するかもしれない。

　そのような移動が起きた (3) 住民移動後の状態は，すべての住民が○となり，社会全体の満足度が高まる。地方分権は，地方自治体の政策のバラエティ

を増やし，住民の選択の幅を広げる。地方自治体にとっても，同じ選好をもつ住民が集まれば，政策を実施しやすくなる。これがティブー（C. M. Tiebout）の足による投票であり，地方分権化を支持する一つの根拠となっている。

さて，足による投票は実現可能なのだろうか。そのためには，住民が国内のすべての地方自治体の政策について完全な情報を知り，移動するためのコストが相当小さくなくてはならない。現実的には，転勤による移動はあっても，地方自治体の政策による移動は，さほどみられないかもしれない。それでも，足による投票は地方分権の強力な論拠と考えられている。

コラム6.2　国と地方の公的支出と税収

　国と地方の関係が生じるのは，国と地方の公的支出と税収に差異があることが原因である。図6-12には，国と地方の公的支出を示している。中央政府（国）よりも，地方政府（地方自治体）の公的支出のほうが，明らかに大きいことがわかる。社会保障基金は主に社会保障サービスであるが，公的支出の大きさは，地方政府，社会保障基金，中央政府の順番になっている。

■図6-12　国と地方の公的支出（2022年度）

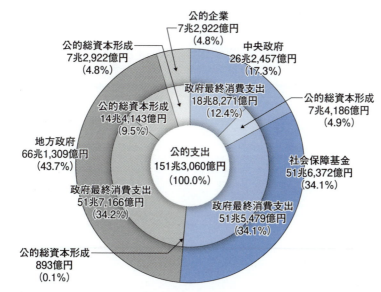

（出所）総務省『令和6年度版地方財政白書』より引用。
https://www.soumu.go.jp/menu_seisaku/hakusyo/index.html

■図6-13　国税と地方税の税収（2022年度）

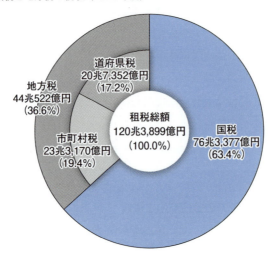

(出所) 総務省『令和6年度版地方財政白書』より引用。
https://www.soumu.go.jp/menu_seisaku/hakusyo/index.html

　一方，図6-13には国税と地方税の税収が示されている。こちらによれば，国税の税収が地方税の税収よりも多い。したがって地方自治体においては，公的支出を賄うだけの十分な地方税の税収が存在しない。そのために，国から地方交付税交付金や国庫支出金が交付されている。
　地方自治体が国に財政的に依存する状態を脱却することが，地方分権化に望まれている一つの理想像であるが，地方分権改革はいまだ途上にある。

第7章

財政の役割から考える財政学

7.1　財政の誕生の歴史

▶ 7.1.1　実際①：共同体から国家へ

　本書の第1章から第6章まで，トピックスから財政学を考えてきた。本章では，これまでのトピックスをさらに深く理解するため，財政とは何か，財政学とは何か，その全体像について考える。そのために，まずは財政の誕生の歴史を振り返る。

　社会の財布ともいえる財政は，いつごろ誕生したのだろうか。私たちは，すでに財政が存在する社会で生活しているから，財政の存在を前提として考えがちであるが，ここでは，なぜ財政が誕生したのかを考えてみよう。結論からいえば，財政が誕生したのは，国家が誕生したからである。それでは，どうやって国家は誕生したのだろうか。私たちは，国家がない時代を生きてはいないが，それを想像することはできる。

　国家がなかった原始時代まで遡る。この時代，私たちの遠い先祖は，血縁関係で結ばれる親族を中心とした家族とともに共同生活を送っていた。家族の生活を維持するには，家族の構成員の労働が不可欠である。原始時代の労働とは，主に狩猟や採集であった。

　家族内には，老人や子どものように，労働が困難な構成員もいる。老人介護や子どもの育児は，原始時代では家族内で供給される。家族内においては，市

場を通じた取引や交換は存在せず，また，財政を通した負担による給付もなされない。当時の家族は，市場も使えず，財政も使えないことから，自給自足をせざるを得なかった。一方，現代の家族は，家族の生活ニーズの充足のために，市場と財政を活用できる。この点が原始時代と現代の大きな違いである。

　原始時代の家族は，近隣に住む他の家族とコミュニケーションをとるかもしれない。複数の家族が集落として生活することには多くのメリットがある。狩猟や採集は共同作業が効率的である。働くことができない家族構成員をもつ家族は，他の家族に支援を求めることができるかもしれない。ある家族が抱えるかもしれないリスクを他の家族とシェアすることは，すべての家族にとっての保険になる。現代の社会保険制度が，複数の家計を集めて保険制度をつくっているように，家計を集めてリスクをプールすることは，リスク軽減の意味がある。

　原始時代においても，複数の家族が集まり，共同体が形成されていく。狩猟や採集などを共同で行うようになれば，共同体のために必要な支出が発生する。魚介類や穀物を保管する建物の建設や管理など，共同体による支出が必要になる。公共サービスの誕生である。

　共同体の支出の内容と負担の水準を決めるには，個々の家族の代表を集めて話し合いがなされる。議会の誕生である。議会の意思決定は，民主主義的に行われるか，独裁的に行われるか，呪術的に行われるかは不明ではあるが，共同体として意思を統一する必要が出てくることは間違いない。

　農業の発展は共同体の性質を劇的に変化させた。狩猟生活は移住が前提だが，農業生活は定住が前提になる。狩猟では不安定だった生活は，農業によって安定し，収穫物をうまく分配すれば人口を増やすことができる。その一方で，土地へのこだわりは，近隣の共同体同士の争いを招くきっかけになる。それぞれの共同体は，規模の拡大を目指して争い，勝者が敗者を吸収して拡大を始める。その理由は，土地をもつほど収穫が増え，収穫物を蓄えるほど共同体の力が向上するためである。戦争の誕生である。

　争いに備えるため，共同体は軍事組織をもつことになる。議会では，強制労働を活用した軍事組織の運営について議論されることになるかもしれない。争いが繰り返される結果，小さな共同体が淘汰され，大きな共同体が生まれる。

こうして大きな領土と国民をもつ国家が誕生する。

▶ 7.1.2　実際②：前近代国家から近代国家へ

　当初の国家の多くは前近代国家であった。前近代国家の権力の象徴は王である。王は，共同体の維持と拡大のため，財政を司る。王は官僚機構や軍事組織に加え，警察機構をもつ。警察機構は共同体内部の治安に配慮するが，この必要性は共同体が巨大になったためである。

　軍事組織や警察機構に象徴されるように，強制力は国家の起源である。これらの維持には多額のコストを要する。そこで，強制力を発揮して，国家の維持のために，家計や企業に負担を求める。税金の誕生である。国家による徴税は合法だが，国民が誰かの財布からお金を抜き出すのは違法である。それは，国家自身がルールをつくったからである。国家は，国家内のすべての人々をルールに従わせ，人々に負担を強いることができる唯一の存在である。

　このようにして，国家の誕生と付随して財政も誕生した。前近代国家では，統治者の王が被統治者である国民を所有し，国民を統治するが，その財政は国家財政と王室財政が区分されていない。そのため，王室財政を豊かにすることが，国家の目的になることもあった。国民に重税や強制労働を強いて，巨大な建設物をつくらせるなど，国民から搾取する国家も存在した。

　ところが，イギリスやフランスで市民革命が勃発し，前近代国家は徐々に近代国家に生まれ変わる。身分制度が解体していき，近代的な議会が成立する。こうして，被統治者の代表が統治者になった。

　近代国家では，国家は国民の労働を強制的に活用できない。そこで，貨幣を用いて家計の労働を購入することで，官僚機構や警察機構を維持する。職業としての公務員の誕生である。彼らを雇うために貨幣が必要になり，貨幣によって徴収する租税も誕生する。多くの近代国家は特別な資源をもたない無産国家であり，租税国家なのである。

　近代国家になれば，国民自身に所有権が認められる。所有権の保護は市場経済には欠かせない。所有権が曖昧であれば，誰が誰と取引をしているのかがわからず，取引は成立しない。近代国家の誕生によって，市場経済が発展するための所有権という素地が誕生した。

▶ 7.1.3　制度：コミュニティにもある財政に似た仕組み

　国家の財政という大きなレベルはわかりにくいかもしれないが，私たちの身近なところにも，財政に似た仕組みを見つけることができる。国や地方自治体よりも小さなコミュニティにも，財政に似た仕組みがある。

　たとえば，学校の部活やサークルでは，部費や会費からメンバーのための支出がなされている。町内会では住民が町内会費を負担して祭りなどのイベントが実施されている。マンション管理組合では，共有部分や修繕積立金のルールが決められている。これらは，規模は小さいものの，国や地方自治体の財政に似た仕組みだといえよう。

　私たちの生活の周りには，意外にも財政に似た仕組みが多く活用されている。コミュニティにおける財政ルールは，基本的に利益説（第3章「身近な税金から考える財政学」参照）に基づいてつくられている。つまり，コミュニティの支出による受益と，コミュニティへの負担が対応関係にある。町内会費を支払うから，町内会の祭りに堂々と参加できる。部活やサークルも同様である。

　学校の部活やサークル，町内会，マンション管理組合といったコミュニティと，国や地方自治体の違いは，強制力の有無である。町内会費を支払わなくても住むことはできるかもしれないが，税は負担しなければ脱税となる。

　ところで，家族内では，原則的に受益と負担の関係は成立しない。特に子どもには稼得能力がなく，さまざまな費用を負担することができないからである。そのため，稼得能力のない子どもは負担しなくても衣食住を得ることができるのが，家族という仕組みである。これを愛情と呼ぶ人もいるだろう。

　国や地方自治体，コミュニティ，市場，家族などの仕組みの中で私たちは生活をしているが，これらの原理はかなり異なっていることに気づく。市場では，交換できる価値を提供できなければ交換は成立しない。コミュニティでは，負担がなければ受益を享受できない。国や地方自治体では，負担がなければ受益を享受できない場合もあるが，負担がなくても行政サービスを得ることがある。家族はそもそも負担を求めない。これらの仕組みを，どのように活用するか，どの程度活用するかで，私たちの生活は成り立っている。

▶ 7.1.4　理論①：社会契約説による国家の誕生と財政の誕生

　このトピックでは，人類の歴史をたどりながら，財政が社会や家計にとって必要になった背景を眺めてきた。ここでは，より抽象的に国家の誕生を考えてみよう。社会契約論の考え方である。社会契約論は第3章「身近な税金から考える財政学」でも取り上げた。

　イギリスの政治哲学者トマス・ホッブズ（Thomas Hobbes）は，国家が存在しない無政府状態において，人々は平等で自由な自然状態におかれるとした。ここでの自由とは，他人の所有権を脅かすことはもちろん，殺人すらできるほどの強い権利である。自然状態では警察機構は存在しないため，窃盗，殺人，暴動が横行する「万人の万人に対する闘争」状態となり，人々は自衛のために武装しなければならなくなる。このような社会の生活は生きづらいだけでなく，社会の発展も望めないだろう。

　ただ，自然状態において，人々の闘争が起こるかどうかは，論者によって意見が分かれる。同じく政治哲学者のジョン・ロック（John Locke）やジャン＝ジャック・ルソー（Jean-Jacques Rousseau）も自然状態を想定したが，必ずしも闘争状態に入るとは考えなかった。しかし，人々の権利が互いにぶつかり，社会が不安定になる危険性を，自然状態がはらんでいると考えたことは共通する。

　暴力的な自然状態から脱するためには，人々は自らの自由を制限する契約を結び，国家を成立させる必要がある。国家の成立が自発的になされるか，自然発生的になされるかはさておき，国民の合意によって国家を成立させる。これが社会契約による国家の誕生である。

　その際，お互いの所有権を脅かすほどの強い自由（たとえば暴力の自由）を放棄し，警察機構などの合法的な暴力装置を創設し，国民を保護することで国民は安定した社会に住むことができる。

　私たちの近隣住民が暴力的ならば，私たちは日々怯えて生活しなければならないが，警察機構があれば，暴力を強制的に取り除くことができる。もちろん，私たちの暴力の自由は失うことになる。日本の歴史でいえば，明治維新の廃刀令によって，武士は刀を取り上げられた。暴力の権利は国家に集約され，結果的に国民は日々の安心を手に入れた。一部の自由を制限することで安心を獲得

したのである。

　また，警察機構が機能することで国民は所有権を獲得した。所有権の確立により，市場経済も発達する。市場での取引は，所有権が確立していなければ成立しない。したがって，市場の前提は所有権を保護する警察機構の成立である。国家の誕生が，所有権を確立させ，市場経済の発達の基盤になっていることは重要なポイントである。

　そして国家の誕生とともに，財政も誕生する。警察機構の運営のためには，国民から税を徴収しなければならない。強制的な税の徴収が可能なのも，国家による暴力の独占が背景にある。

　ヨーロッパで社会契約論が登場した時代，多くの前近代国家が王による統治を続けていた。王が人々を統治する根拠に王権神授説があった。王の権利は神から付与されたものであり，それゆえに王が国民を統治するという考え方である。市民革命により，被統治者と統治者が分離していた前近代国家から，被統治者と統治者が一致する近代国家へと変化した。社会契約論の登場で，被統治者である国民の中から，統治者を選ぶ国が現れたのであった。社会契約論は，前近代国家から近代国家へ国家が生まれ変わる際の理論的根拠であった。

　この際，財政の考え方も変貌した。前近代国家では王のための王室財政が，近代国家では国民のための財政に変化した。近代国家の財政支出は，国民のために実施される公共サービスになった。前近代国家では，収入をいかに増やすかが重要であったが，近代国家では支出も収入も重要になり，現代の財政の枠組みへ，大きく転換したのである。

▶ 7.1.5　理論②：近代国家から現代国家，戦争そして福祉国家へ

　当初の近代国家では，政治を担うのは一部の国民であった。議会は限られた者しか参加できず，選挙権や被選挙権も制限されていた。日本の明治時代では，貴族や高額納税者しか国会議員にはなれなかった。

　政治参加の制限は，デモや暴動などを引き起こし，社会の不安定性をもたらした。暴動は社会が分断されるときに発生する。暴動が国家の転覆につながった例は多くある。多くの場合，市民革命はそのようにして勃発している。そこで，社会を安定化させるため，政治が社会統合を目指すことになる。参政権が

拓かれていき，近代国家は現代国家へと生まれ変わった。

　庶民は多くの資産をもたないが，労働力をもっている。労働者である彼らに参政権が認められていく過程で，女性の参政権も認められていく。一部の国民に限定されていた政治が，大衆化していった。民主主義の進展とともに，被統治者の裾野が広がり，増える被統治者のために財政の歳出も膨張した。

　2度の世界大戦には，多くの国が参戦した。産業革命で発展した科学技術が軍事に転用された世界大戦は，国家による総力戦であった。国の存亡をかけた戦争を続けるには，国の財政を最大限に活用しなければならなかった。そのため，世界大戦に参戦した国々の歳出は軒並み膨張した。

　世界大戦が終結しても，多くの国の歳出は大戦前の水準には戻らず，戦争前よりも高い水準にとどまった。ピーコックとワイズマン（Peacock, A. T. and Wiseman, J.）は，戦争や不景気によって膨張した財政の経費は，その危機が収まっても，もとの水準には戻らないという転移効果の存在を指摘した。

　現代国家の財政は，政治の大衆化による多種多様なニーズを抱える。そのニーズを満たすためには，財政規模を大きくする必要がある。大多数の労働者にとっては，失業率を可能な限り抑え，社会保障制度を充実させることが望ましい。こうして，財政が社会を統合する役割を背負い，現代国家は福祉国家になっていく。

　第2次世界大戦後，多くの現代国家は福祉国家を目指し，社会保障制度を拡充するようになった。政治哲学者のジョン・ロールズ（John Rawls）は，もし人々が今の年齢，性別，職業，経済状態といった自らの情報を忘れる「無知のヴェール」に覆われ，明日から新しい社会をつくるように要求されたならば，もっとも恵まれない人が最大限にケアされる社会制度をもつ国家をつくるはずであり，それが正義であると強調した。このロールズの社会契約論の考え方は，福祉国家の理論的支柱となった。

　一見，社会統合に成功したかにみえた福祉国家であったが，現代の福祉国家は新たな問題を抱えている。社会保障制度の充実で政府の歳出は増加した。財源不足によって，社会保障サービスの資金を公債で賄うようになった。将来に負担を先延ばしし，安易な公債発行が行われている。結果的に公債への依存が恒常的になった。

現代の福祉国家の財政危機の根底には，より良い社会保障サービスを求める声に応えようと大衆化した政治が，公債という安易な資金調達手段をいかにして統制するかという根本的な問題が横たわっている。

また日本では，バブル経済が崩壊し，それに引き続きリーマンショックが起こり，企業の倒産が相次いだ。失業者が増え，生活保護世帯が増加した。東日本大震災や新型コロナウイルス感染症の拡大などの非常事態に対して，日本をはじめとする多くの国々では，財政の歳出を増やすことで対応してきた。

さらに，多くの先進国で，家族のあり方が多様化している。核家族化が進み，単独世帯，共稼ぎ世帯が増え，家族で老人や子どもの世話をすることは困難になった。こうした家族の限界を，年金制度，介護保険制度，子育て支援サービスによってカバーしているのも財政である。

かくして政府は，家計と企業の危機を引き受けてきたのである。家計と企業が危機を迎えるとき，その危機を救えるのは政府の財政しかなかった。ところが，財政を拡大したゆえに，政府は財政危機に陥った。そのため，財政再建が重視されるようになっているのである。

7.2　財政の3機能

▶ 7.2.1　実際：財政とは，財政学とは何か

前節では，歴史的観点から財政の誕生について学んだ。ここでは，財政とは何か，財政学とは何かを知り，財政学の全体像を学ぶことにしよう。

財政とは政府の資金に関わる経済活動を意味する。財政の英訳は"public finance"であり，直訳すれば公的資金調達である。すなわち，政府が資金を調達することが，財政の一つの側面である。たとえば，租税や公債は，政府の資金調達の手段である。

しかしながら，政府の活動は資金調達にとどまらない。近代民主主義国家における政府は，国民から調達した資金を利用して，さまざまな公共サービスを国民に対して供給している。街に出れば道路や街灯，警察署や消防署などを容

易に見つけられる。私たちは日々，当然のように公共サービスから恩恵を受けている。

それでも，歴史的かつ国際的に考えれば，専制主義的な特定の王族が，公共サービスを提供せずに，もっぱら国民から物資を収奪する前近代的な国家が過去には多く存在したことも事実である。

したがって，公共サービスの歴史は公的資金調達の歴史に比べれば浅い。財政が公的資金調達を起源とすることには，このような歴史的な背景がある。専制主義的な国家が近代民主主義的な国家に生まれ変わる中で，財政の役割も劇的に変化した。

このような経緯を踏まえたとき，近代民主主義国家に住む私たちは，資金調達の側面に限定して財政を学ぶことはできない。通常，本書を含めた財政学のテキストでは，財政を資金調達と公共サービスの側面からとらえている。

さらに，このような政府の活動は，民間の家計や企業に少なくない影響をもたらす。そのため，財政学は，資金調達と公共サービスを扱うだけでなく，財政がもたらす家計や企業の経済活動への影響，さらにはマクロ経済に対する影響についても考察する学問である。

歴史を大きくとらえるならば，市場の機能と政府の介入のどちらを重視するかによって，現代の財政学に至る学問の系譜をたどることができる。図7-1を参照されたい。

16世紀の西欧では，絶対王制の国家が主流であった。イギリスやフランスは，金などの富を国内に蓄積する重商主義を掲げ，植民地政策や保護政策を押し進めた。ドイツでは，王室財政を豊かにする王政の家政学として官房学が発達し，これが財政学の基礎となる。

ケネー（F. Quesnay）は，重商主義を批判し，経済の相互関連性と農業の重要性を説いた。富の唯一の源泉を農業とする重農主義は，経済学の祖のアダム・スミス（Adam Smith）に大きな影響を与えた。市場を重視した彼はレッセ・フェール（自由放任主義）を強調し，政府の機能を安全保障や警察に限定する夜警国家論を展開した。

その後，資本主義経済が発展し，労働条件の悪化や貧富の差の拡大が問題になる。アドルフ・ワグナー（Adolf Wagner）は，経済発展とともに財政の規模

7.2

財政の3機能

159

■図7-1　財政学の系譜

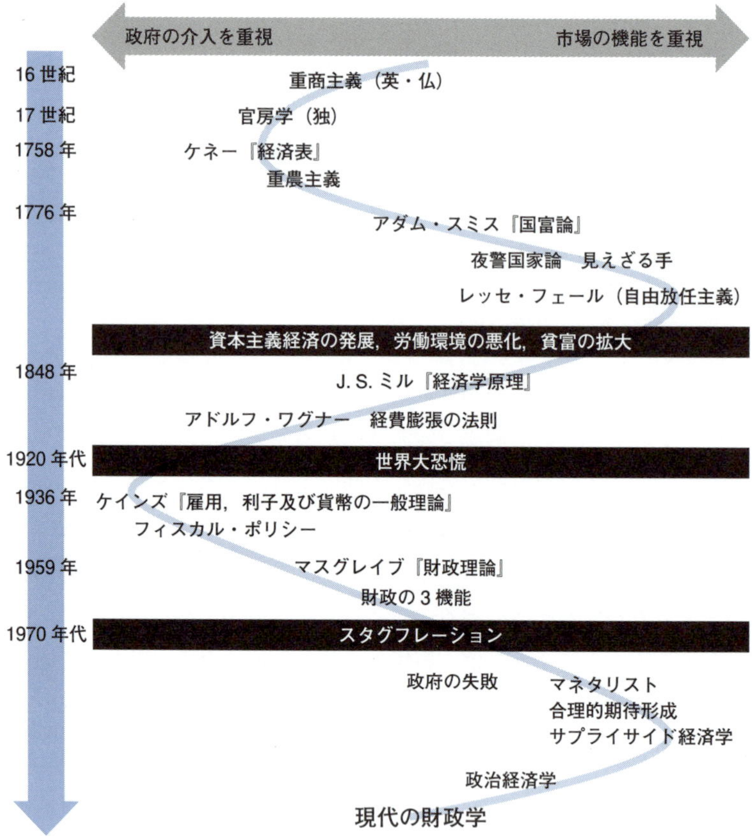

政府の介入を重視　　　　　　　　　　　　市場の機能を重視

16世紀	重商主義（英・仏）
17世紀	官房学（独）
1758年	ケネー『経済表』 重農主義
1776年	アダム・スミス『国富論』 夜警国家論　見えざる手 レッセ・フェール（自由放任主義）

資本主義経済の発展，労働環境の悪化，貧富の拡大

1848年	J. S. ミル『経済学原理』 アドルフ・ワグナー　経費膨張の法則

世界大恐慌（1920年代）

1936年	ケインズ『雇用，利子及び貨幣の一般理論』 フィスカル・ポリシー
1959年	マスグレイブ『財政理論』 財政の3機能

スタグフレーション（1970年代）

政府の失敗　　　マネタリスト
合理的期待形成
サプライサイド経済学

政治経済学

現代の財政学

は拡大するという**経費膨張の法則**を唱えた。

　世界大恐慌は，財政に転機をもたらす。ケインズ（J. M. Keynes）は，失業対策として公共事業などの**フィスカル・ポリシー（裁量的な財政政策）**を実施すべきとし，政府の重要性を強調した。

　財政学を経済学の一分野として現在の体系にまとめたのは，財政学の祖の**マスグレイブ**（R. Musgrave）である。彼は，財政には，**資源配分機能，所得再分配機能，経済安定化機能**の3つの機能があると指摘した。

　その後，不況とデフレーションが同時に進行するスタグフレーションの時代

160

コラム 7.1　財政学とその周辺

　通常，財政学は大学の経済学を専門とする学部・学科で講義が行われるが，政治学や経営学などを専門とする学部・学科でも開講されている。その理由は，財政学が複数の学問にまたがる性質をもっているからである（図 7-2）。厚生経済学や公共経済学はもちろん，政治学に近い公共選択論の内容も含まれている。また，経営学からは NPM（New Public Management），会計学からは公会計といった考え方も，財政学に取り込まれている。

■図 7-2　財政学とその周辺

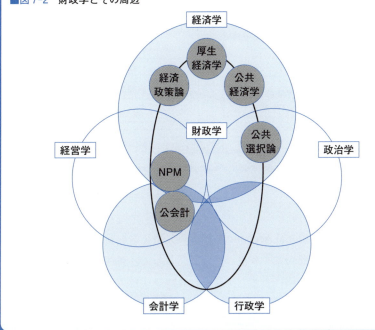

を経て，政府の失敗が重視される。市場を重視するサプライサイド経済学などや，政治を重視する政治経済学の影響を受けながら，現代の財政学は発展し続けている。

7.2.2　制度：財政の範囲——SNA による分類

　先に，財政は政府の資金に関わる経済活動であると述べた。それでは，財政は一国全体の経済においてどのように分類されるのであろうか。

■図 7-3　SNA による経済的活動分類と制度部門別分類

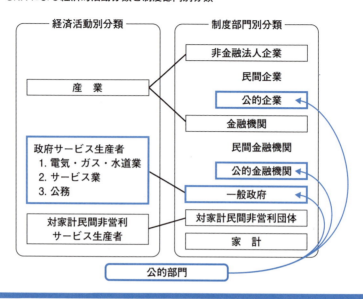

　図 7-3 は，国際連合が国民経済を把握するために定めた国民経済計算（SNA：System of National Accounts）による分類を示している。これによれば，政府は公的部門，民間企業や家計は民間部門として区別される。
　まず，経済活動別分類によると，政府は政府サービス生産者という公共サービスの生産主体としてとらえられる。次に，制度部門別分類によると，一般政府の他に，公的企業や公的金融機関が公的部門としてとらえられる。公的企業や公的金融機関には，政府が出資している特殊法人など，政府が出資する企業や金融機関が含まれる。
　続いて，図 7-4 には SNA による公的部門の分類が示されている。公的部門は一般政府と公的企業・公的金融機関に区別される。一般政府はさらに中央政府，地方政府，社会保障基金に分けられる。
　中央政府は，一般政府や特別会計などの財政を管理する会計のもとで，国の公共サービスを提供している。地方政府には普通会計や事業会計などがあり，地方の公共サービスを供給している。社会保障基金は，公的年金，労働保険や

■図 7-4　SNA による公的部門

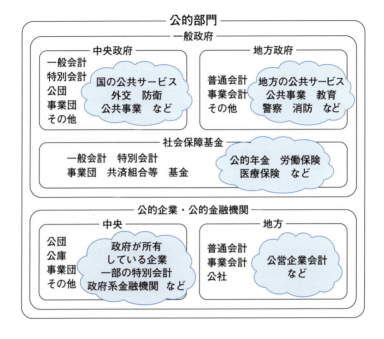

医療保険などの社会保障を担当している。

　公的企業や公的金融機関は，中央と地方に分けられる。中央には政府が出資することで所有している企業や金融機関として，公団や公庫などがある。一方，地方には公営企業会計などがあり，水道事業，交通事業，電気事業，ガス事業などが提供されている。

7.2.3　理論①：家計，企業，政府の経済循環・市場の失敗

　家計と企業が市場によって結びつく**経済循環**は，政府も大きく関わっている。図 7-5 は，政府を含む経済循環を示している。黒い矢印は財・サービスの流れ，青い矢印は貨幣の流れを示している。

　政府は，さまざまな経済活動を行うために家計や企業から資金を調達する。

■図 7-5　家計，企業，政府の経済循環

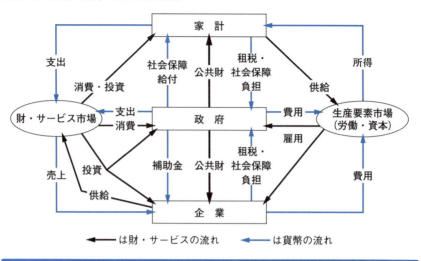

政府は家計と企業から，租税や社会保険料（公的年金，医療，介護などの社会保険料負担）を徴収する。それらを基本的な原資として，家計や企業に公共財を供給するだけでなく，家計に社会保障給付（公的年金，医療，介護などの給付）を与えたり，特定の企業に補助金を与える活動を行う。

経済循環を眺めれば，政府が経済主体に対して影響を与えているだけでなく，政府自身も経済主体として市場に影響を与えていることがわかる。政府が経済活動を行うためには，生産要素市場から労働と資本を雇用しなければならない。公務員がその典型例である。また，家計や企業と同様に，政府も財・サービス市場において消費や投資を行っている。このように，経済循環では，家計，企業，政府といった経済主体が市場をめぐって関係している。

政府は経済循環を通して，家計と企業と市場に影響を与えている。

第1に，**労働市場**では，家計が労働を供給し，企業が労働を需要（雇用）する。第2に，家計の貯蓄は，金融機関などを通して企業に貸し出され，または株式市場から直接資金を供給し，企業はその資金を元手にした設備投資で資本（工場や機械設備）を蓄積する。すなわち，**資本市場**では，家計が資本を供給し，企業が資本を需要する。第3に，**財・サービス市場**では，企業が労働と資

本によって生産した財・サービスを供給し，家計が財・サービスを需要する。

労働市場では**賃金率**，資本市場では**利子率**，財・サービス市場では**財価格**が，需要と供給が一致する水準で決まる。市場の均衡が成立するとき，家計の効用（満足度）と企業の利潤が最大になることが，アダム・スミスによって強調された。このように，「見えざる手」が働く市場に委ねれば，政府は必要ないように思える。

しかしながら，市場は万能ではなく，**市場の失敗**が発生する。図 7-6 において，国民が**公共財**を欲求するにもかかわらず，利潤を追求する企業は公共財を供給できないことがある。この場合，政府が租税などで資金調達し，公共財を供給する。公共財は資源配分機能に属する。通常の企業が供給する**私的財**の場合は，このような問題は生じない。

また，市場の外から経済主体に影響をもたらす外部性がある場合（公害な

■図 7-6　市場の失敗

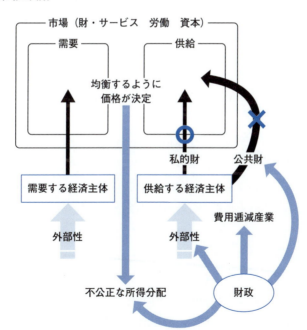

ど）も，政府の介入が正当化される。たとえば，上流の工場による水質汚濁が，下流の農家の田畑を汚染する状況を考える。工場は水質浄化の費用を負担していないために生産は過剰，田畑は汚染されているので生産は過小となる。公害は市場の外から負の外部性をもたらし，過剰な工業製品と過小な農作物を家計は消費している。このとき，上流の工場に課税し，下流の農家に補助金を与えれば，外部性を内部化でき，過剰・過小な生産を是正できる。外部性を是正する政府の介入も資源配分機能に属する。

さらには，電力事業やガス事業のように，サービスを供給するために大規模な設備が必要な事業は，固定費用が巨額になることから，サービスを増やすにあたっての平均費用が逓減する。こういった費用逓減産業は，複数の企業が同じ財・サービスを供給するよりも，1つの企業が独占して供給するほうが，費用を安く設定できる。しかしながら，それは当該企業が市場を独占することで，競争原理が働かず，非効率性をもたらし，企業は独占利潤を得ることになる。そこで，政府はこういった企業に独占を認める一方で，価格規制などを行うことがある。費用逓減産業への規制も資源配分機能に該当する。

最後に，市場で決められる所得（労働所得や資本所得など）の分配は，社会的にみたときに不公正かもしれない。このとき，政府が所得分配の不公正を是正することになる。

以下では，財政の3機能について，個々に説明しよう。

▶ 7.2.4 理論②：資源配分機能

図7-7にあるように，市場においては，需要と供給が一致する均衡で価格が決められる。しかしながら，場合によっては市場の失敗が発生し，市場はうまく機能しない。これを是正するために財政の1つ目の機能である資源配分機能がある。

第1に，民間企業は公共財を供給できない可能性がある。たとえば，道路，公園，清掃サービスは，企業が供給しても非常にコストがかかるため，利潤の確保ができない。それでも，国民が生活する上では不可欠な公共財であるから，政府が関与する必要性が出てくる。公共サービスについては，第4章「身近な公共サービスから考える財政学」で学んだ。

■図 7-7　資源配分機能

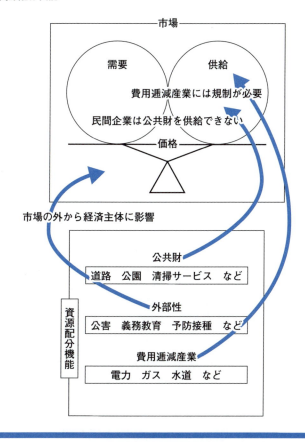

　第 2 に，市場の外から外部性が経済主体に何らかの影響をもたらす場合である。民間企業は利潤を追求するので，水質汚濁や大気汚染（負の外部性）を自ら改善しないかもしれない。一定水準以上の教育（正の外部性）は，国民生活や経済活動の基盤になるが，義務にしなければ，子どもに教育を受けさせない家計が現れるかもしれない。このようなとき，政府の関与が必要とされることがある。外部性についても，第 4 章「身近な公共サービスから考える財政学」で学んだ。

　第 3 に，費用逓減産業である。電力，ガス，水道などの産業は，大規模な施

設がなければサービスを供給できない。電力では，発電施設，電線，家庭や事務所内のコンセントなどが必要である。ガスや水道も同様である。そのため，供給すればするほど生産量あたりの平均費用（＝費用／生産量）が逓減する。

　大企業でなければ供給できないとき，独占が生まれる。また，そのような性格の企業同士が競争すること自体が非効率となる。独占がゆえに家計は他の企業の財・サービスを購入できず，独占企業が利潤を追求すれば不当に価格を引き上げる可能性が高い。

　たとえば，A県に電力会社 a があり，A県内の B 市に電力会社 b があるとする。会社 b より規模の大きい会社 a が，B 市内の電力料金を極端に引き下げて会社 b に対抗するとき，会社 b は倒産するだろう。倒産後，家庭や事務所内の会社 b 専用コンセントや，会社 b の発電施設や電線は利用されず，無駄な投資となる。そのため，最初から独占を認め，政府が規制によって関与するほうが効率的になる。多くの場合，費用逓減産業は地域独占を認めて地域内の競争を回避するとともに，政府による規制を行っている。

▶ 7.2.5　理論③：所得再分配機能

　図 7-8 にあるように，財・サービスの生産要素となる労働と資本を取引する生産要素市場では，家計が生産要素を供給し，企業が需要をしている。そこで，賃金率と利子率が決定され，企業は生産要素を雇用した対価として労働費用や資本費用を支払い，家計は労働所得や資本所得を得る。

　このようにして市場で決められた所得分配は，社会的にみて不公正かもしれない。たとえば，高所得者と低所得者の極端な格差が発生したり，高所得地域と低所得地域の格差が生じる可能性がある。

　市場には，このような所得分配の不公正を自動的に是正する機能はない。所得分配の不公正が社会的に認められないと判断されるとき，政府が所得再分配機能を発揮することで不公正を是正することがある。これは，市場によって分配された所得を，再度，財政を通して再分配する仕組みである。

　具体的には，所得税や相続税などの累進構造をもつ税制によって，高所得者に対して相対的に重い課税を行い，低所得者には生活保護などの社会保障制度によって，所得の再分配を行うことになる。

■図 7-8 所得再分配機能

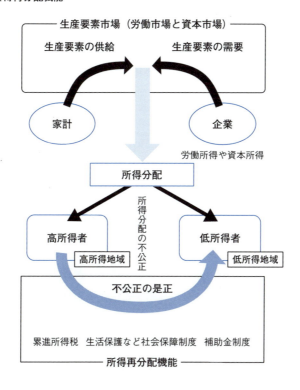

　また，低所得地域の地方自治体の税収は少なく，十分な公共サービスを提供できないかもしれない。このとき，政府は高所得地域から低所得地域に対して，地方交付税交付金などの補助金制度を活用することで，地域間の所得再分配を行うことがある。地域間所得再分配については，第 6 章「国と地方の関係から考える財政学」で学んだ。

　所得再分配の程度は，どこまでの不平等を許容するかという国民の社会的価値判断によって，政治的に選択される。ただし，所得再分配を過度に行いすぎると，市場の効率性を阻害するおそれがある。そのため，効率性と，公平性（のうち特に垂直的公平）や公正性は**トレードオフ**（二律背反：一方を追求すれば他方を犠牲にせざるを得ない）の関係にある。

例を挙げる。家計が働いて得た労働所得に対して100％の所得税を課税し，それを国民全員に平等に再分配する架空の国があるとする。この国の国民は，働く意欲をもつであろうか。また，利子所得や株式から得られる配当や値上がり益といった資本所得に100％の所得税を課せば，国内の資金が国外に逃げるだろう。企業課税も程度を越えれば，企業が海外に逃げる。このように，公正性を目指す所得再分配が過度になれば，効率性を阻害する可能性がある。

▶ 7.2.6　理論④：経済安定化機能

図7-9にあるように，マクロ経済は景気循環によって好景気と不景気を繰り返す。極端になると，日本もかつて経験したように，株や土地の資産価格が適正価格よりも高騰するバブル経済が発生したり，バブル崩壊に伴う金融不安や失業が深刻化する。

このような激しい経済の変動は，安定的な生活や経営を望む家計や企業にとって望ましいものではない。そこで，政府が経済に適切に介入し，経済安定化機能を果たすことによって，マクロ経済を安定化する役割が財政に求められることがある。

好景気で景気が過熱したとき，政府は財政の歳出を削減するか，増税を行うことで，景気の過熱にブレーキをかける。政府の歳出が減れば，それだけ経済の所得は減少する。また，増税は家計の消費や企業の投資を抑制する効果をもつ。

逆に，不景気で景気が低迷しているときは，政府は財政の歳出を増やしたり，減税を行うことで景気浮揚を狙う。公共事業などによる政府の歳出の増加は，失業者の雇用につながる。また，減税は家計の消費や企業の投資を増やし，景気を刺激する。

このようなフィスカル・ポリシー（裁量的な財政政策）は景気の過熱や低迷を的確に判断し，適切な時期に実施されなければならない。政府が景気を判断するまでの認知ラグ，政府の予算を編成する実施ラグ，政策が景気に影響を与えるまでの波及ラグがある。財政政策の場合，特に実施ラグは長い。景気低迷時に決めた政策が，ラグによって遅れて景気過熱時に実施された場合，景気をより過熱させてしまうおそれがある。これは政府の失敗の一種である。財政政

■図 7-9 経済安定化機能

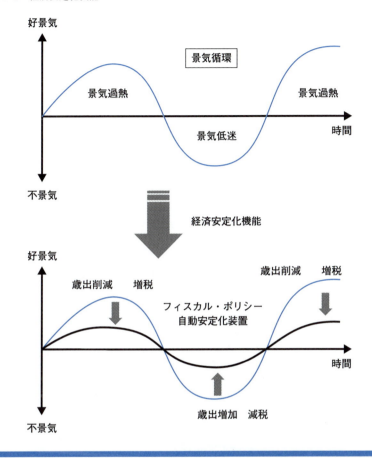

策については，第 1 章「政府の借金から考える財政学」で学んだ。

フィスカル・ポリシーによる機動的な手段とは別に，財政制度そのものに**自動安定化装置（ビルト・イン・スラビライザー）**と呼ばれる経済安定化機能が備わっている。

たとえば，累進構造をもつ所得税や，利益法人だけが負担する法人税などは，景気が過熱したときの家計の所得や企業の利益の増加を抑えることで，消費や投資を抑制する。逆に，景気が低迷したときには，家計の所得や企業の利益の

減少を抑え，景気の低迷を自動的に防ぐ効果をもっている。自動安定化装置には，実施ラグによる政府の失敗の問題はない。

▶ 7.2.7　理論⑤：国の財政と地方財政の役割

　ここでは財政の3機能のうち，資源配分機能と所得再分配機能を取り上げる。国と地方では力点をおく領域が異なる。図 7-10 には，国の財政と地方財政の役割を概念的に示している。

　財政の資源配分機能については，国も地方も担当するものの，大きなウエイトをもつのが地方財政である。これは，資源配分機能でも重要な公共財の供給において，**地方公共財**が金額的にも量的にも大きな割合を占めるからである。

　ただし，地方公共財の中で，ある地方自治体の地方公共財の便益が，行政区域の境を越えて他の地方自治体に便益をもたらす場合がある。このとき，国の財政は地方自治体に補助金を交付することで，便益の**スピルオーバー**を調整する。地方公共財については，第6章「国と地方の関係から考える財政学」で学んだ。

　また，公共財がもつ外部性の程度によっても，国と地方の関与の度合いを考えることができる。国家的公共財のように完全な外部性をもつ公共財は，国の財政の財源によって供給されるべきである。一方，外部性が小さい公共財は地方自治体が担当する。教育などのように，正の外部性をもつものの，地方自治体が主体となって供給される公共財には，国からの補助金が交付される。

　社会保障や累進課税などの所得再分配機能は，主に国の財政が担当する。地方自治体が独自に所得再分配機能を発揮し，たとえば低所得者に手厚い給付，高所得者に重い課税を実施したとしよう。住民の移動により，他の地方自治体から低所得者が集まり，高所得者は逃げるかもしれない。すなわち，所得再分配機能は地方財政の主な機能ではない。生活保護などの社会保障サービスは，地方財政が実際に供給しているが，その基準は国によって定められ，補助金が交付されている。

■ 図 7-10　国の財政と地方財政の役割分担

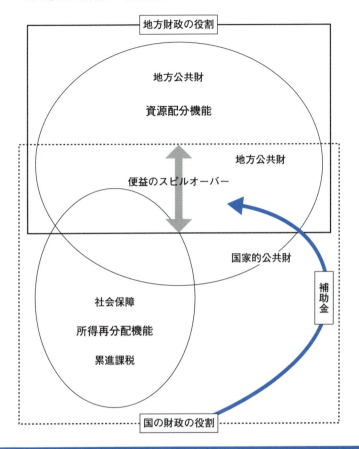

索　引

あ 行

アウトカム　124
アウトプット　124
赤字国債　5
アクティビティ　124
アダム・スミス（Adam Smith）　68,
　　159,　165
アダム・スミスの4原則　68
アドルフ・ワグナー（Adolf Wagner）
　　68,　159
アドルフ・ワグナーの9原則　68

一部事務組合　139
一般会計　13
一般財源　134
一般市　139
一般消費税　27
一般政府　162
入口ベース　130
インカム・ゲイン　60
インパクト　124
インプット　124
インフラストラクチャー　4
インフレーション　24
インボイス制度　40

受取配当金の益金不算入　59,　60

益金算入　58
益金不算入　58

オーツ（W. E. Oates）　145
オーツの分権化定理　145

か 行

買いオペレーション　7
外国債　7,　8
概算要求　16
外部性　85
外部評価　122
価格弾力性　37
確定申告　44
課税最低限　47
課税所得　46
課税標準　47
課税ベース　47
課税前資本コスト　61
価値財　84
間接税　32
完全雇用　22
簡素の原則　68
官房学　159

基幹税　27
起債充当率　142
技術的外部性　86

175

索引

基準財政収入額　132
基準財政需要額　132
基礎控除　46
基礎消費　19
基礎的財政収支　103
既存株主　64
帰着　32
既発債　6
基本税率　55
逆進税　74
逆選択　100
キャピタル・ゲイン　61
給与収入　44
給与所得　44
給与所得控除　44
教育財政　81
教育費　80
行財政改革　117
行政改革　116
行政事業レビュー　120
行政評価　121
金銭的外部性　86
近代国家　153
金利　2

国　1
クラウディングアウト　24
クロヨン　70

景気循環　170
軽減税率　30, 55
経済安定化機能　160, 170
経済主体　9
経済循環　163
経費膨張の法則　160

ケインズ（J. M. Keynes）　160
ケネー（F. Quesnay）　159
限界実効税率　66
限界消費性向　19
限界税率　76
限界変形率　91
減価償却費　63
建設公債　4
建設公債残高　4
建設公債主義　4
建設国債　4
源泉徴収　44
源泉分離課税制度　44
現代国家　157
現代の租税の3原則　68

広域連合　139
公開性の原則　16
公共サービス　79
公共財　82, 165
公共事業　13
公共部門　84
公債　4
公債依存度　107
公債金　14
公債の中立命題　115
公債費　79
公債負担論　7
公的企業　162
公的金融機関　162
公的資金調達　158
公的部門　162
交付税及び譲与税配付金特別会計　129
交付税率　130
交付団体　134

176

公平の原則　68

効率性　122

国債　1

国債の市中消化の原則　7

国債費　13

国税　28

国民経済計算　162

個人所得課税　41

国家有機体説　67

国庫支出金　131，140

国庫負担　81

コップ（H. Kopf）　10

個別消費税　27

混雑現象　83

さ　行

財価格　165

債券価格　23

債券市場　6

財源調達　66

財源不足額　132

財源保障機能　132

財・サービス市場　164

歳出　12

財政　158

財政学　159

財政健全化　2，103

財政健全化指標　110

財政健全化目標　107

財政構造改革の推進に関する特別措置
　　法　108

財政構造改革法　108

財政再建　2，103

財政再建計画　107

財政収支　103

財政政策　18

財政調整機能　132

財政の硬直化　3，107

財政法第4条　4

財政民主主義　16

歳入　12

財務省型法人実効税率　56

債務償還費　13

サイモンズ（H. C. Simons）　71

裁量的な財政政策　160

三公社民営化　118

暫定予算　17

シーリング　16

仕入税額控除制度　33

事業仕分け　119

資金調達コスト　61

資源配分機能　160，166

施策　121

施策評価　121

支出税　72

市場の失敗　165

事前議決の原則　16

自然状態　155

市町村合併　139

実施ラグ　170

私的限界便益曲線　87

私的財　84，165

私的便益　87

自動安定化装置　171

資本　10

資本市場　164

資本蓄積　10

市民革命　153

事務事業　121

事務事業評価　121

社会契約説　67

社会契約論　155

社会資本　4

社会的限界代替率　91

社会的便益　87

社会的便益曲線　88

社会的無差別曲線　90

社会保険方式　101

社会保障　13

社会保障関係費　79

社会保障基金　162

社会保障給付費　93

社会保障4経費　29

ジャン＝ジャック・ルソー（Jean-Jacques
　　Rousseau）　155

従価税　34

衆議院の優越　17

重商主義　159

自由放任主義　159

従量税　34

準公共財　83

純粋公共財　83

償還　3

消費課税　27

消費関数　20

消費税　27

所得課税　41，55

所得効果　52

所得控除　46

所得再分配機能　160，168

所得税の前取り　59

所得分配　168

所得分配の不公正　166

所有権　153

ジョン・ロールズ（John Rawls）　157

ジョン・ロック（John Locke）　155

新規株主　64

申告分離課税制度　44

人的控除　46

新発債　6

垂直的公平　68

水平的公平　68

スティグマ　101

ストック　1

スピルオーバー　142，172

税額控除　48，59

政策　121

政策体系　121

政策評価　121

政策目標　121

生産可能性フロンティア　90

生産要素市場　168

性質別歳出　139

正常利潤　65

正の外部性　86

政府　1

政府間関係　129

政府関係機関予算　15

政府支出乗数　22

政府の失敗　161，170

税方式　101

政令指定都市　139

ゼロ税率　30

前近代国家　153

総計予算主義の原則　16

総合課税制度　44

測定単位　132

租税　27

租税及び印紙収入　14

租税原則　68

租税国家　153

租税特別措置　59

租税法律主義　16

ソブリン・シーリング　23

損金算入　58

損金不算入　58

た　行

代替効果　52

多段階課税　32

タックス・ミックス　73

単一性の原則　16

単位費用　132

担税者　31

担税力　46，59

単独事業費　140

単年度主義の原則　16

地域間所得再分配　135

地方行革　120

地方公共サービス　139

地方公共財　172

地方交付税　13，28，81，130

地方財政計画　131

地方自治体　1

地方消費税　28

地方税　28

地方政府　4，28，129，162

地方分権　145

中央集権　145

中央省庁再編　118

中央政府　4，28，129，162

中核市　139

中立の原則　68

超過課税　57，133

超過負担　36

超過利潤　65

超過累進税率　47

徴税権　23

直営方式　84

直接税　32

賃金率　165

積立方式　99

定額法　63

定額補助金　141

ティブー（C. M. Tiebout）　149

ティブーの足による投票　149

定率法　63

定率補助金　141

デービス（R. G. Davis）　10

適格請求書等保存方式　40

出口ベース　131

転移効果　157

転嫁　32

投資税額控除　59

当初予算　17

等量消費　89

トーゴーサンピン　70

ドーマー（E. Domar）　112

ドーマー定理　112

特定財源　134

179

特別会計予算　15
特別交付税　132
特例公債残高　4
特例公債法　5
特例市　139
トマス・ホッブズ（Thomas Hobbes）
　155
トレードオフ　41，73，169

な　行

内国債　7
内部化　88，166
内部評価　122
中曽根行革　118
ナショナル・ミニマム　129

二重課税　72
二重課税の調整　59
日本銀行引き受け　7
認知ラグ　170

納税者　31
能力説　67

は　行

配偶者控除　46
配偶者特別控除　47
配当税額控除　59
配分の効率性　91
波及ラグ　170
橋本行革　118
発行　3
バロー（R. Barro）　114

万人の万人に対する闘争　155

ピーコック（A. T. Peacock）　157
非課税取引　27
非競合性　82
必要性　122
等しい人の等しい取り扱い　68
非排除性　82
標準税率　29，57
標準的な地方税収入見込額　132
費用逓減産業　166
ビルト・イン・スラビライザー　171
比例税　75

フィスカル・ポリシー　160，170
付加価値税　29
賦課方式　99
ブキャナン（J. M. Buchanan）　8，9
福祉国家　157
不交付団体　134
普通交付税　132
普通国債残高　1
復興債　4
復興債残高　4
物品税　31
負の外部性　86，166
負の価値財　84
不平等　67
扶養控除　47
プライマリーバランス　103
フリンジ・ベネフィット　70
フロー　1
文教及び科学振興　13
分離課税制度　44

180

平均実効税率　66
平均税率　75

防衛　13
包括的所得　71
包括的所得税　71
法人擬制説　59
法人実効率　56
法人実在説　59
法人所得課税　41
法人税　55
法定外税　133
法定税率　55
ボーエン（W. G. Bowen）　10
補助金　140
補助事業費　140
補助率　141
補正係数　133
補正予算　17
骨太の方針　16

ま　行

マスグレイブ（R. Musgrave）　160

民営化　85
民間委託方式　84
民間部門　84, 162

無差別曲線　50
無産国家　153

目的別歳出　139
モディリアーニ（F. Modigliani）　9, 10

や　行

夜警国家論　159

有効性　122
郵政民営化　118

予算　16
予算原則　16
予算編成　16

ら　行

ラーナー（A. P. Lerner）　7〜9

利益説　67, 154
リカード（D. Ricardo）　112
リカードの公債の等価定理　112
利子率　165
リスク軽減機能　100
リスク・プーリング機能　100
利払費　2, 13
留保財源　134
利用時支払いの原則　5
臨時財政対策債　131

累進税　69, 74

レッセ・フェール　159

労働市場　164
ロジックモデル　124

181

わ 行

ワイズマン（J. Wiseman） 157

数字・英字

45度線分析 18

*AD-AS*分析 24
EBPM 126
*IS-LM*分析 24
PDCAサイクル 124

著者紹介

上村　敏之（うえむら　としゆき）

1994 年　関西学院大学経済学部卒業
1999 年　関西学院大学大学院経済学研究科博士課程単位取得退学
2000 年　博士（経済学）取得
同　年　東洋大学経済学部専任講師，その後助教授，准教授，
　　　　関西学院大学経済学部准教授を経て
2009 年　関西学院大学経済学部教授（現在に至る）

主要業績

「地方の法人所得税が法人実効税率に与える影響：超過課税と損金算入」『日本地方財政学会研究叢書』第 31 号「マクロ経済政策と地方財政」（五絃舎，2024）

「法人税の増税と株主レベルの資本所得税の中立性：実効税率を用いた抜本的改革の分析」『生活経済学研究』第 59 巻（生活経済学会，2024）

「法人税の抜本的改革による実効税率の変化：Forward-looking 型モデルによる資金調達の中立性の分析」『フィナンシャル・レビュー』第 151 号「課税と給付の経済分析」（財務省財務総合政策研究所，2023）

'Evaluating Japan's corporate income tax reform using firm-specific effective tax rates.' *Japan and the World Economy*" (2022, Vol.61, 101115)

金田　陸幸（かねだ　たかゆき）

2011 年　関西学院大学経済学部早期卒業

2016 年　関西学院大学経済学研究科博士課程後期課程修了
　　　　　博士（経済学）取得

同　　年　尾道市立大学経済情報学部講師，その後准教授，
　　　　　大阪産業大学経済学部准教授を経て

2024 年　神戸学院大学経済学部准教授（現在に至る）

主 要 業 績

「子育て世代における個人所得課税の所得再分配効果」『租税研究』893 号（共著）（日本租税研究協会，2024）

「平成 30 年度税制改正による個人所得課税制の所得再分配効果への影響：マイクロシミュレーションによる分析」『個人金融』第 15 巻第 1 号（ゆうちょ財団，2020）

『個人所得課税の公平性と効率性：マイクロシミュレーションによる実証分析』（日本経済評論社，2018）第 28 回租税資料館賞受賞

経済学叢書 Introductory

トピックスから考える 財政学

2025 年 3 月 10 日ⓒ　　　　　　　　　　　初 版 発 行

著　者　上 村 敏 之　　　　　発行者　御園生晴彦
　　　　金 田 陸 幸　　　　　印刷者　中 澤 　眞
　　　　　　　　　　　　　　　製本者　小 西 惠 介

【発行】　　　　　　　　株式会社　新世社
〒151-0051　　　　東京都渋谷区千駄ヶ谷 1 丁目 3 番 25 号
編集 ☎ (03) 5474-8818 （代）　　　サイエンスビル

【発売】　　　　　　　　株式会社　サイエンス社
〒151-0051　　　　東京都渋谷区千駄ヶ谷 1 丁目 3 番 25 号
営業 ☎ (03) 5474-8500 （代）　　　振替 00170-7-2387
FAX ☎ (03) 5474-8900

組版　ケイ・アイ・エス
印刷　㈱シナノ　　　　　製本　ブックアート
《検印省略》

本書の内容を無断で複写複製することは，著作者および出版者
の権利を侵害することがありますので，その場合にはあらかじ
め小社あて許諾をお求め下さい。

サイエンス社・新世社のホームページのご案内　　　ISBN978-4-88384-396-1
https://www.saiensu.co.jp
ご意見・ご要望は　　　　　　　　　　　　　　　PRINTED IN JAPAN
shin@saiensu.co.jp　まで.

ライブラリ 経済学レクチャー＆エクササイズ　16

レクチャー＆エクササイズ
地方財政論

足立 泰美 著
A5判／296頁／本体2,900円（税抜き）

本書は，地方財政論をはじめて学ぶ方のための教科書です。本文で地方財政の制度や仕組みについて学び，学んだ内容を練習問題で確認することにより，知識の定着を図る構成になっています。また，概念や仕組みを表す図解や，統計データの図表を豊富に掲載することにより，視覚的な理解にも配慮しています。地方財政の抱える問題を知り，有効な対策を考えるきっかけになる一冊です。

【主要目次】
地方財政の役割／地方財政の資源配分／地方財政の機能と分権化／地方財政の行政区分／地方財政の計画／地方税の原則／国庫支出金と特定補助金／地方交付税と財政調整／地方債制度と国の関与／地方公共団体の経費／少子化と地方財政／高齢化と地方財政／地方公営企業の持続可能性

発行　新世社　　発売　サイエンス社

経済学叢書 Introductory

公共経済学入門

上村 敏之 著
A5判／280頁／本体2,500円（税抜き）

ミクロ経済学の基礎も含めて構成し，予備知識がなくても読み
進められる入門テキスト。政府の経済活動のメカニズムから，
その分析・評価方法までを明快に説き明かした。初学者の理解
に配慮し余剰分析の図を駆使した部分均衡分析による１財モデ
ルをメインに説明し，最終章で無差別曲線を用いた２財モデル
を紹介する。２色刷。

【主要目次】
需要と供給／市場の働きと価格政策／公共財Ⅰ／公共財Ⅱ／外
部性／自然独占／租税／公債／所得再分配政策／２財モデルに
よる公共経済学

発行　新世社　　　発売　サイエンス社

ライブラリ 経済学レクチャー＆エクササイズ　1

レクチャー＆エクササイズ
経済学入門

上村 敏之 著
A5判／240頁／本体2,050円（税抜き）

本書は，経済学にはじめてふれる方のためにやさしく書かれた
入門書です。「予習→講義→復習→練習」というサイクルに沿っ
て学ぶことにより，「経済学的な考え方」を自ずと身につけるこ
とを目指します。また，直観的にも理解しやすいように，多く
の図表を用いています。経済学をはじめて学ぶ方，学び直そう
とする方におすすめの一冊です。

【主要目次】
経済学の基礎的な概念／市場における交換／家計の経済行動Ⅰ
／家計の経済行動Ⅱ／企業の経済行動／市場の働きと政策の効
果／マクロ経済学の基礎

発行　新世社　　　　発売　サイエンス社